청소년
퍼실리테이션 활용

박점식 양혜진 안창호 권태남 전준성
김향란 박은지 정득진 오순옥 안만호
한국청소년퍼실리테이터협회

공감과 소통 시리즈 2

돌셋손잡고
HAND-IN-HAND

「청소년 퍼실리테이션 활용」 발간에 붙여

신 좌 섭[1]

이 책을 집필한 한국청소년퍼실리테이터협회의 창립회원들을 처음 만난 것은 약 5년 전인 2016년 1월경이었던 것으로 기억한다. 우리 사회 청소년들의 인성교육에 관심을 가진 분들 1백여 명이 참석한 조찬모임에 필자가 초대를 받아 '공감과 소통의 청소년 리더십'이라는 주제로 강의를 한 것이 만남의 계기가 되었다.

이 강의에서 필자는 "우리 사회를 근본적으로, 더 나은 곳으로 변화시키기 위해서는 평화롭고 지혜로운 대화를 이끌어내는 퍼실리테이터를 10만 명 정도 양성하여 사회 곳곳에 진정한 대화의 장이 열릴 수 있도록 해야 한다. 우리의 미래를 열어갈 청소년들이 모두 퍼실리테이터로서의 역량을 갖추도록 하고 싶다."라는 다소 무모한 발언을 했는데 반응은 의외로 뜨거웠다.

입시를 위한 무한경쟁, 부모를 포함한 기성세대와의 대화 단절, 서로 다른 계층에 속한 친구들 간의 괴리감, 학교에서의 따돌림, 사회적 소통의 결핍, 자극적이고 퇴폐적인 대중문화, 세상에 대한 부정적이고 절망적인 시각을 부추기는 미디어……. 그리고 이로 인한 방황과 좌절, 삶의

---

[1] 국제퍼실리테이터협회 인증퍼실리테이터, 한국퍼실리테이터협회 인증퍼실리테이터. 2008년경부터 국내외에서 참여적 대화를 조직하는 일에 앞장서고 있고 2020년 현재 한국퍼실리테이터협회 회장이다. 서울대학교 의과대학에서 의학교육학을 가르치고 있다.

의미에 대한 회의와 냉소 등, 우리 사회를 이끌어가야 할 미래세대의 어두운 삶에 대한 근심과 걱정으로 모인 이분들은 '공감과 소통의 대화'야말로 청소년들의 미래를 밝혀 줄 수 있는 진정한 토대가 될 수 있을 것이라고 생각하였다.

물론 이분들에게 실천적인 대안이 없었던 것은 아니다. 이분들은 올바른 가치관과 도덕을 잘 가르치면 청소년들이 흔들림 없이 미래를 열어나갈 것이라는 전통적 전제 위에 많은 활동을 하고 있었다. 이것은 당연히 옳은 생각이지만, 이 같은 전통적 접근으로는 새로운 세대에게 다가가기 힘들다는 한계를 이분들은 이미 경험적으로 알고 있었던 것으로 기억한다.

조찬모임 이후 이어진 대화에서 우리는 관심 있는 어른들이 먼저 '공감과 소통의 대화'를 이끌어내는 기법, 즉 퍼실리테이션(Facilitation)을 익힌 뒤에 학생들에게 꼭 필요한 내용들을 선별하여 교육할 필요가 있다는 데에 뜻을 모았다. 「청소년 퍼실리테이션 활용」이라는 제목의 이 책과, 더불어 자매편으로 출판되는 「청소년 퍼실리테이션 입문」은 이 같은 배경에서 탄생하였다.

조찬모임 몇 개월 뒤인 2016년 봄, 교육 장소 임대료와 숙박비를 절약하기 위해 경기도 안산의 어느 찜질방, 서울 서소문 인근 재개발 지역의 낡은 교회 등을 전전하며 1박 2일 퍼실리테이션 기법 교육을 했던 기억이 새롭다. 이렇게 여러 곳을 돌아다니면서 익힌 것이 이 책의 뒷부분에 소개되어 있는 '공감대화, 창의대화, 이미지 바꾸기, 실행계획 수립, 코칭, 갈등 관리' 등의 기법들이다.

그해 여름 무렵, 퍼실리테이션의 기본 기법을 익힌 20여 명의 창립 회원들이 배출되었고 이분들은 전·현직 교장선생님들의 지원을 받아 초등학교, 중학교, 고등학교 학생들에게 퍼실리테이션을 전파하는 일을 시작했다. 「청소년 퍼실리테이션 활용」편은 이처럼 학생들에게 퍼실리테이션을 교육하는 과정에서 산출된 결과물과 노하우를 토대로 만들어졌다. 이 책이 청소년 대상의 교육현장에서 흔히 마주치는 주제와 사례들을 풍부하게 담고 있는 것은 이 같은 노력의 덕분이다.

청소년을 대상으로 한 퍼실리테이션 교육의 보람과 의미를 발견한 이분들은 학교 대상의 활동에 멈추지 않고 어려움을 겪고 있는 부적응 학생들에게 퍼실리테이션을 전파하는 일을 해왔으며, 멀리 미얀마 농촌 지역의 학생들에게도 퍼실리테이션을 가르치는 일을 해왔다.

이 책에 소개되어 있는 퍼실리테이션의 철학과 기법들은 필자가 2009년 봄 캐나다의 ICA-Associates(Institute of Cultural Affairs)라는 세계적인 퍼실리테이션 기관에서 전수받은 '참여의 테크놀로지(Technology of Participation)2)'와 ICA가 청소년들을 대상으로 개발한 '청소년 퍼실리테이션 리더십(Youth as Facilitative Leaders: YFL)' 프로그램을 밑바탕으로 하고 있다.

아무쪼록 이 책이 「청소년 퍼실리테이션 입문」편과 더불어 퍼실리테이션의 전파에 기여하여 청소년들의 미래를 밝히는 데 큰 도움이 되기를 기원한다.

2021년 1월

대학로 연구실에서

---

2) 국내에서 참여의 테크놀로지를 가르치는 상설기관으로는 ICA-Associates와 계약을 체결한 ORP 연구소가 있다.

목 차

부 록

Part 1

이전과 다른 종족 - 세대 차이

세대 차가 심한 청소년들과 더불어 살아가려면 그들의 관심사가 무엇인지, 무엇을 좋아하고 싫어하는지, 무슨 생각, 무슨 말을 하며 살아가는지 등 청소년들의 문화를 이해하는 것이 필수적이다.

Part 1에서는 청소년 문화의 중심축인 스마트 세대에 대해 다루면서, 스마트 세대들인 고2 학생들 6명(이수인, 김나현, 권희영, 정혜원, 박은지, 정유진)이 함께 참여하여 토론하면서 세대에 대한 자신들의 생각을 실었다.[1]

세대 갈등

우리나라의 대표적인 고궁은 1395년에 세워진 경복궁이다. 경복궁의 정문은 남쪽에 있는 광화문(光化門)이다. 21세기의 광화문은 대한

민국 주요 집회와 시위의 대표적인 장소이다. 임금의 덕을 널리 알리던 광화문이 우리 사회의 갈등 양상을 대변하는 장소가 된 것이다. 민주화, 경제 성장과 함께 사회적 갈등도 폭증하고 있다. 갈등 중에서도 세대 간의 갈등은 어느 때보다 심각하다. 세대 간의 갈등은 도덕적인 분야를 넘어서 정치, 경제, 사회 문제로까지 확대되고 있다.

세대 간의 갈등이 심해지는 원인들 중 하나는 하루가 다르게 나타나는 신기술이다. 단기간의 경제 성장과 신기술의 발전으로 사회 환경이 빠르게 변하는데 사회전반의 생활양식인 문화가 이에 따라오지 못하고 있다.

문화는 사회 구성원들이 함께 공유하고, 학습으로 습득하고, 세대를 거쳐 축적되며, 시간과 함께 흘러가며, 이 모든 것을 통합한다. 급격한 변화는 사회 구성원으로 하여금 기술 혜택의 세대 간 차별을 가져오고, 혜택을 누리기 위한 학습에서도 세대 차이를 보이며, 신세대의 새로운 것에 대한 동경은 옛것을 소홀히 여기고, 기성 시대는 빠른 변화를 따라가지 못함으로 세대 간 융합되지 않은 상태를 보이는 것이 갈등이다. 소위 문화 지체의 현상이다.

문화 지체는 문화가 과학 기술의 변화에 따라가지 못하는 현상 즉 '비물질 문화가 물질문화를 따라잡지 못하는 현상'이다.[2]

OK Boomer

문화 지체로 인한 세대 간의 갈등은 우리나라뿐만 아니라 서구권 국가들에서도 일반적으로 나타난다. 서구 사회의 세대 갈등을 가장 잘 보여 주는 것이 OK Boomer이다. OK Boomer는 2019년 들어 영미권에서 베이비 부머 세대의 낡은 가치관이나 꼰대스러운 면을 조롱하고 비하하는 의미로 생겨났다. 우리말로 번역을 하면 OK는 '알았어' 정도의 뜻이고, Boomer는 '베이비붐 세대, 노인들'을 뜻한다.

우리말로 순하게 옮기면 "어른들은 몰라요, 그만하세요." 정도가 되겠고, 직설적으로는 "고지식한 소리 집어치우세요, 듣기 싫어요." 정도가 되겠다. 노골적으로 옮겨 보면 "늙은이들, 헛소리 그만해. 시끄러워." 정도일 것이다. 반대로 Z세대가 윗세대와 그 문화를 존중하지 않는 모습을 보였을 때 "어휴 저 철부지들"과 같은 뜻으로 비하하는 "OK Zoomer"가 있다.3)

수메르 시대의 세대 갈등

세대 갈등은 21세기만의 문제만은 아니다. 기원전 1700년 경 수메르 점토에 나오는 이야기이다.4)

"어디에 갔다 왔느냐?"

"아무 데도 안 갔습니다."

"도대체 왜 요즘 젊은 놈들은 가라는 학교 안 가고 빈둥거리느냐? 제발 철 좀 들어라. 왜 그렇게 버릇이 없느냐? 왜 수업이 끝나면 집으로 오지 않고 밖을 배회하느냐? 내가 다른 아이들처럼 땔감을 잘라 오라 하였느냐? 쟁기질을 해서 나를 부양하라고 하였느냐? 왜 공부를 하지 않느냐? 자식이 아비의 직업을 물려받는 것은 엔릴 신께서 인간에게 내려 주신 운명이다. 글을 열심히 배워야 서기관의 직업을 물려받을 수 있다. 너의 형을 본받고 너의 동생을 본받아라."

한비자의 오두(五蠹)에

今有不才之子, 父母怒之弗爲改; 鄕人譙之弗爲動; 師長敎之弗爲變. 夫以'父母之愛''鄕人之行''師長之智'三美加焉, 而終不動, 其脛毛不改(금유부재지자, 부모노지불위개; 향인초지불위동; 사장교지불위변. 부이'부모지애''향인지행''사장지지'삼미가언, 이종부동, 기경모불개)라는 글귀가 있다.

이 글귀는 덜 떨어진 젊은 녀석이 있어 부모가 화를 내도 고치지 않고, 동네 사람들이 욕해도 움직이지 않고, 스승이 가르쳐도 변할 줄을 모른다. 이처럼 '부모의 사랑', '동네 사람들의 행실', '스승의 지혜'라는 세 가지 도움이 더해져도 끝내 미동도 하지 않아, 그 정강이에 난 한 가닥 털조차도 바뀌어지지 않는다는 의미이다.

갈등은 두 사람 이상이 모이면 필연적으로 발생할 수밖에 없으며, 세대 갈등은 동서고금을 막론하고 존재하고 있다. 그렇다고 갈등이 항상 부정적인 것만은 아니고 순기능적인 면도 있다. 갈등의 순기능적인 면은 사회를 생존케 하고 발전시키는 원동력이 된다.

우리는 세대 갈등의 부정적인 부분을 최소화하고 순기능을 강화하여 건강한 문화를 만들어 가야 한다. 세대 갈등을 융합하여 건강한 사회를 만들기 위해서는 세대 간의 이해와 배려가 필요하다. 청소년

세대에 대한 기성세대의 이해와 배려가 더욱 절실하다.

1. 포노 사피엔스(Phono Sapiens)

> 아침에 비서가 잠을 깨운다. 일어나면 비서에게 오늘의 날씨와 스케줄을 확인한다. 아침을 먹고 출근하면서 비서에게 길안내를 시킨다. 길이 막히면 비서에게 신나는 음악을 틀어 줄 것을 명령한다. 비서는 스마트폰이다.

미국 시장조사 기관인 퓨 리서치(Pew Research)가 세계 27개 국가를 대상으로 조사한 결과로 스마트폰을 사용하는 사람들의 비율이 가장 높은 국가는 우리나라로 나타났다. 정보통신정책연구원의 발표를 보면, 2018년도는 만 6세 이상 국민의 90.9%를, 10대 청소년들은 97.9%가 스마트폰을 가지고 있는 것으로 나타났다. 하루 평균 스마트폰 이용 시간은 중학생이 2시간 24분, 고등학생은 2시간 15분이었다.

우리나라 중학교 1학년 학생이 3학년으로 성장하는 동안(2015년~2017년) 컴퓨터와 스마트미디어를 가장 빈번하게 사용한 활동은 '문자, 채팅, 메신저, 이메일, 통화'이었으며 그다음으로 '게임 및 오락'이었다. 주로 많이 사용하는 앱은 카카오톡 같은 인스턴트 메신저로 이용률은 고교생이 98.9%, 중학생 94.5%이다.[5]

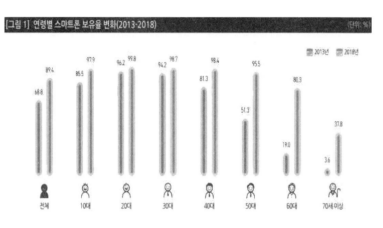

[그림 1] 연령별 스마트폰 보유율 변화(2013-2018)

정보통신정책연구원 ICT통계정보연구실 제공

스마트폰은 이제 우리의 일상이 되어 버렸다. 출근길의 지하철과 버스 안의 수많은 탑승객들이 일제히 스마트폰에 시선을 고정하고 드라마 또는 영화를 보거나 게임을 하는 모습은 흔한 풍경이다.

스마트폰으로 계좌이체를 할 수도 있고, 원하는 물건을 사며, 음식을 주문한다. 대부분의 일이 손 안에서 다 이루어지는 세상이다. 일상생활의 필수품인 스마트폰을 어떻게 사용하는가에 따라 인간을 구분하는 시대이다.

1) 디지털 네이티브(Digital Native)

디지털 원주민은 2001년 미국의 교육학자 마크 프렌스키의 논문에서 출발한다. 컴퓨터, 휴대전화, 게임기 등 각종 디지털 기기에 둘러싸인 오늘날의 학생들은 유비쿼터스 환경이 아니었던 과거의 학생들과 다른 사고방식, 정보처리 방식 등을 갖고 있다는 것이다.6)

프렌스키는 오늘날 학생들이 태어날 때부터 디지털 환경에 속해 디지털 언어를 모국어처럼 사용할 수 있다고 보고 '디지털 원주민'이라 불렀다. 디지털 네이티브는 어려서부터 인터넷을 자연스럽게 접하고, IT 기술에 익숙함을 느끼고, 사교 생활에 있어서 스마트폰, SNS를 자유롭게 사용한다. 프렌스키는 「디지털 네이티브」에서 8가지의 디지털 세대의 특성을 제시하였다.7)

첫째, 그들은 선택의 자유를 중시한다.
둘째, 물건을 자신의 개성에 맞게 고쳐 쓴다.
셋째, 천부적으로 협업에 뛰어나다.
넷째, 강의가 아니라 대화를 즐긴다.
다섯째, 여러분과 여러분 조직을 철저히 조사한다.
여섯째, 성실성을 중시한다.
일곱째, 학교와 직장에서도 즐겁게 생활하기를 바란다.
여덟째, 그들에게 속도와 혁신은 생활의 일상이다.

디지털 네이티브 세대의 개인적 특징을 몇 가지 살펴보면, 동시적인 대화를 선호하며 온라인에서 대화 속도를 높이기 위해 줄임말을 사용하고, 음성전화보다 문자를 선호한다. 청소년들은 일상의 기록, 정보 공유, 취미활동도 온라인을 통해서 한다. 온라인에서 공유하는 정보도 글 외에 사진, 영상 등 그 형태가 다양하다. 인터넷 쇼핑과

같은 온라인 경제 활동 역시 활발하게 하고, 온라인 가상화폐 이용에
도 익숙하다.

디지털 원주민은 태어날 때부터 다양한 형태의 디지털 미디어 환
경에 노출되고, 외부 세계와의 만남도 다양한 기능의 디지털 장난감,
텔레비전, 인터넷, 모바일 등 다양한 디지털 기술의 접촉을 통해 성장
하였다.

학습도 디지털 미디어를 의존하는 청소년들은 기성세대와 다른 학
습태도를 보인다. 유트뷰를 통해 정보를 수집하고, 모르는 것이 있으
면 도서관에서 책을 찾는 고전적 방법보다는 스마트폰을 사용하여 인
터넷 사이트에서 검색한다. 이들은 스마트폰을 통한 빠른 정보접근과
즉각적 의사소통, 가상 세계에서 다양한 상호 작용에 익숙해져 있는
'즉각성'과 '멀티태스킹'이라는 특징을 가지고 있다.[8]

디지털 네이티브는 디지털·모바일 중심의 생활과 유튜브나 넷플릭
스 등 영상 중심의 여가 활동, 그리고 게임이나 SNS 같은 공간에서
도 현실에서처럼 활발한 인간관계를 하고, 의사소통하고, 배우고, 뉴
스와 정보를 수집한다. 이들은 기본적으로 실시간 응답, 투명한 대화,
변화에 대한 개방적인 태도를 가지며, 디지털 기술로 사회적 상호 작
용을 하고, 즐기며, 공용하는 직관적 디지털 마인드를 가지고 있다.

디지털 네이티브의 특성

디지털 네이티브의 특성을 정리해 보면 다음과 같다.[9]

첫째, 기술 중심적이다. 이들에게 디지털 기술은 일상이자 문화적 대상이며 필수품이다. 새로운 기술도 자연스러운 탐색과정을 통해 쉽게 수용한다. 예술과 문화 영역, 소비하는 방법까지도 전통적 방식을 벗어나 디지털 매체를 활용하여 표현하는 형태로 변화하고 있다.

둘째, 네트워크 중심적이다. 디지털 세대는 네트워크를 기반으로 두고 모든 것을 수행한다. 온라인은 24시간 오픈되어 있으며 상호 원활한 커뮤니케이션 형성을 통해 새로운 관계를 형성하고 자신을 표현한다. 삶 자체가 네트워크로 형성되었다고 볼 수 있다.

셋째, 참여 지향적이다. 디지털 세대는 이전 세대가 극적이고 보수적인 성향인 것과는 다르게 자신과 관련된 상황에 대해 놀이하듯이 몰입한다. 새로운 테크놀로지에 적극 반응하며 도전한다.

디지털 이민자(Digital Immigrants)

디지털 원주민 이전 세대들은 후천적으로 아무리 노력해도 아날로그적 취향을 떨치지 못해 이주민으로 전락한다는 의미에서 '디지털 이주민(Digital Immigrants)'으로 간주된다.

이는 1980년대 초부터 출생하여 2007년 글로벌 금융 위기 이후 사회생활을 시작하여 디지털 기술에 적응해 모바일 기기를 이용한 소통에 익숙한 30대 이상의 기성세대를 일컫는다. 그러나 이런 구분은 나이보다는 디지털 기기 활용 여부에 따른 것일 수도 있다.

디지털 이민자들은 디지털 언어를 구사함에 있어 마치 외국어를 구사할 때 모국어의 억양(Accent)이 남아 있는 것처럼 디지털 시대

이전의 흔적이 남아 있다. 실제로 디지털 네이티브와 디지털 이주민은 디지털 언어의 습득 및 활용에서 많은 차이를 보인다.

이들은 1990년대에 사회적·문화적 영역을 포함한 대부분의 영역에서 기존의 가치관이 붕괴되거나 변화하는 격변의 시대를 경험했는데, 특히 1992년 2월 17일에 일어난 '뉴키즈 온더 블럭'의 공연 소동이 있고 나서부터 본격화되었다는 견해가 있다. 이 공연이 사회에 큰 충격을 주었는데, 공연을 보는 관점이 '청소년 문제'에서 '청소년 문화'로 바뀌었다.10)

디지털 외계인 (Digital Alien)

디지털 기술이 등장하기 한참 이전에 교육을 받았던 세대들은 컴퓨터와 인터넷을 통해 이메일을 사용하고 Word, Excel 등의 툴을 사용한다. 하지만 디지털 기술의 활용도가 낮고, 사회 환경과 디지털 기술의 관련성을 느리게 인식하며, 디지털 혁명이 바로 지금 여기에 있다는 사실을 수용하지 못하고, 소셜 미디어의 가치를 확신하지 못하는 세대이다. 디지털 네이티브 입장에서 볼 때 이들은 외계인이다.

2) 포노 사피엔스 (Phono Sapiens)

2015년 영국 주간지 이코노미스트지는 지난 2007년 1월 선보인 스마트폰이 세상을 바꿔 놓아 지금은 스마트폰 없이 살기 어려운 '포노 사피엔스'(Phono Sapiens) 시대가 됐다고 선언한다. 휴대폰을 뜻

하는 'Phono'와 생각, 지성을 뜻하는 'Sapiens'의 합성어인 '포노 사
피엔스(Phono Sapiens)'란 '생각하는 사람'이라는 의미의 호모 사피엔
스(Homo Sapiens)를 빗댄 말로, '스마트폰 없이 살아갈 수 없는 세
대'를 뜻한다. 최재봉 교수는 호모 사피엔스 다음 인류를 '포노 사피
엔스'라고 말하며 "스마트폰은 인간 장기의 일부이다. 오장육부가 아
니라 오장칠부"라고 했다.

포노 사피엔스 (Phono Sapiens)와 비슷한 말로는 '노모포비아
(Nomophobia)'가 있다. 노모포비아는 '노(No)', '모바일(Mobile)',
'포비아(Phobia)'의 합성어로 스마트폰이 없으면 공포감, 불안증을 느
끼는 것을 일컫는 말이다. 비슷한 말로는 '스마트폰 중독', '스마트폰
금단현상' 등이 있다.

한국정보통신진흥협회(KAIT)가 2015년 국민 1,869명을 대상으로
진행한 한 설문조사에 따르면 휴대전화를 분실한 뒤 '1주일 이상 기
다리기 어렵다'고 응답한 사람이 무려 56.1%인 1,049명이었다.[11]

스마트폰 증후군[12]

스마트폰을 지나치게 사용할 경우 건강에 위협이 될 수 있는데 그
중 대표적인 것이 '스마트폰 증후군'이다. '스마트폰 증후군'은 집중력
저하와 손목 저림 현상, 심리적 불안장애 등을 유발하는 현대인의 새
로운 질병이다. 스마트폰 증후군을 알 수 있는 증상에는 어떤 것들이
있을까?

첫째, 디지털 기기에 지나치게 의존해, 일상생활에 필요한 기억을

잊어버리는 '디지털 치매'이다. 스마트폰이 없으면 친한 사람의 연락처를 기억하지 못하거나, 자주 갔던 길도 헤매는 경우이다.

둘째, '수면 장애'이다. 보통 잠들기 전 스마트폰을 많이 사용하는데, 스마트폰이나 모니터 등에서 나오는 파란색 계열의 광원인 '블루 라이트(Blue Light)'는 수면 유도 호르몬인 '멜라토닌(Melatonin)'의 분비를 막고, 뇌를 각성시켜 수면을 방해한다.

세 번째, '거북목 증후군'이다. 스마트폰 화면을 오랜 시간 동안 고개 숙여 보게 되면, 목과 어깨에 통증을 느끼며 거북목처럼 변형될 수 있다. 아래 테스트는 스마트폰 중독을 알아볼 수 있는 몇 가지 지표이다.

1. 스마트폰이 없으면 손이 떨리고 불안하다.
2. 스마트폰을 잃어버리면 친구를 잃은 느낌이다.
3. 하루에 스마트폰을 2시간 이상 쓴다.
4. 스마트폰에 설치한 앱이 30개 이상이고 대부분 사용한다.
5. 화장실에 스마트폰을 가지고 간다.
6. 스마트폰 키패드가 쿼티(컴퓨터 자판과 같은 배열) 키패드다.
7. 스마트폰 글자 쓰는 속도가 남들보다 빠르다.
8. 밥을 먹다가 스마트폰 소리가 들리면 즉시 달려간다.
9. 스마트폰을 보물 1호라고 여긴다.
10. 스마트폰으로 쇼핑을 한 적이 주 2회 이상 있다.

그렇다   개

1~10개 중 '그렇다'가 8개 이상이면 중독, 5~7개는 의심, 3~4개

는 위험군이다.

포노 사피엔스 문화의 특징

IT 기술 붐과 함께 태어난 이들은 완전한 디지털 환경에서 자랐다. 태어나면서부터 스마트폰을 손에서 놓은 적이 없다. 디지털이 당연한 시대에 태어난 이들은 IT에 대한 이해도가 매우 높다. 의사소통 역시 모바일 기기가 크게 차지한다. 스마트폰은 지리적 근접성을 초월하여 물리적, 사회 경제적, 인종적 또는 민족적 계층의 경계를 무너뜨렸다. BTS 아미는 전세계 사람들을 하나로 묶는 팬덤문화의 대표적인 모습이다.

사람들은 과거 일방적인 정보전달 및 소통을 해왔던 것에서 벗어나 페이스북, 인스타그램, 카카오톡 등 SNS를 통해 세계인들을 대상으로 적극적으로 소통한다. 가까운 친구뿐 아니라 모임 앱, SNS 해시태그 등을 통해 관계를 맺고, 정보를 공유하는 것에 익숙하다.

포노 사피엔스는 '개취존중(개인취향 존중)'뿐 아니라 '싫존주의(싫음도 존중)'를 추구하는 세대이다. 이는 무언가를 싫어하는 취향을 당당히 밝히고, 이를 존중받기를 원하는 세대이다. 경직된 사회 분위기가 무너지고 개인화된 X세대 부모 아래서 자란 것이 이처럼 뚜렷한 자기 색깔을 갖는 데 큰 영향을 끼친 것이다. 이들은 자신만의 뚜렷한 가치관을 통해서 '나답게 사는 것'을 중요하게 여긴다.

학생이 생각하는 스마트 세대

요즘 청소년들에게 스마트폰은 삶의 일부이다. 밥 먹을 때도 스마트폰을 들여다보고, 대중교통을 이용할 때도, 친구들과 대화할 때도 스마트폰을 본다. 스마트폰을 통해 현실보다는 가상에서 많은 여가 시간을 보낸다. 친구들을 만나고 싶을 때도 집 밖으로 나가지 않고, 장소에 구애받지 않는 게임에서 멀티 플레이를 통해 만나고, 카카오톡의 그룹 콜 기능으로 다 같이 한 자리에 모여 말하는 것처럼 대화한다.

청소년들의 유행은 유튜브이다. 인터넷 포털보다는 유튜브에서 더 많은 정보를 얻는다. 청소년들 중에는 다양한 콘텐츠로 영상을 만들어 올리는 크리에이터를 꿈꾸는 이들이 많다. 인기 유튜버들은 청소년을 쉽게 미치게 하고, 자극적이며, 좋지 않은 언행도 따라하게 하는 문화를 만들어낸다. 아프리카TV, 트위치 같은 방송 플랫폼과 쉽게 인맥을 형성할 수 있는 페이스북, 자신의 일상을 공유할 수 있는 인스타그램 같은 SNS를 비롯해 짧은 동영상을 공유하고 소통하는 틱톡 등도 유행이다.

2. 스마트 세대(포노 사피엔스)의 특징

1) 스마트 세대의 언어

(1) 욕설

학생들이 가장 많이 사용하는 욕설은 '존X', '씨X', '개XX', '엄X',

'엿 먹어라' 등이다. 이들은 존X는 '매우', '많이'라는 의미로 사용된다. 어원은 남성 성기와 관련이 있다. '씨X'는 여성의 성기와 연관이 있다. 대부분의 청소년들은 어원에 대해서는 모르고 있다.

욕설 사용 빈도수

인하대 국어문화원에 따르면 청소년의 95%가 일상생활에서 비속어, 욕설, 은어 등을 사용하고 있다. 이 중 72%의 학생들은 비속어나 욕설의 뜻도 잘 모르는 채 무의식적으로 사용하고 있다. 80%가 초등학교 때부터 욕설을 사용하는 것으로 나타났다.

대전지역 초등학교 4학년부터 고등학교 3학년까지 669명의 설문조사에서는 42.8%가 "매일 한 번 이상 욕을 한다."라고 답했다. 특히 이 가운데 8.7%는 "욕을 입에 달고 산다."라고 대답했다. 욕을 하는 이유로는 습관(26.7%), 스트레스 해소(24.8%), 친근감 표시(20.3%), 남들이 쓰니까(8.7%), 센 척하고 싶어서(5.1%)의 차례였다.[13]

욕설을 배운 시기

욕을 처음 배운 시기는 초등학교 고학년 때가 49.5%, 초등학교 저학년 때가 24.4% 등으로 응답자의 73.9%가 초등학교 때 욕을 배운 것으로 나타났다. 또 49.8%는 '욕은 나쁜 말이니 쓰지 말아야 한다'고 밝혔으나, 22.9%는 '꼭 필요할 때는 욕설을 해야 한다'고 여기는 것으로 조사됐다. 어린이·청소년들은 직접 만나거나, 사회 관계망 서비스(SNS)에서 대화할 때 모두 욕을 쓴다고 답했다.

욕을 배운 통로는 친구(39.4%), 인터넷(26.8%), 영화(9.9%), 형제
나 자매(7.5%), 웹툰(5.2%), 부모(3.5%), 텔레비전 프로그램(3.3%)
순이었다. 욕설을 사용하는 대상은 '친구'가 74.8%로 가장 많았고, 형
제나 자매는 12.8%, 후배는 6.6%였다. 아무에게나 욕설을 한다는 응
답도 1.8%였다.[14]

욕설 후 기분

욕설 후 기분에 대해서는 '고쳐야겠다고 생각한다'가 36.6%로 가
장 높았고, '상대에게 미안한 생각이 든다'가 27.7%로 뒤를 이었다.
반면 '아무런 느낌이 없다'는 16.9%, '기분 나쁜 것이 풀린다'는 응답
은 7.9%였다.[15]

욕을 안 하는 방법으로는 '스스로 자제해야 한다'는 대답이 81.6%
에 달했다. 고운말, 바른말을 사용하기 위한 대책으로는 '욕하면 반성
문을 쓰게 하거나 벌점을 부과한다', '고운 말 쓰는 날을 지정해 캠페
인을 한다', '말하기 교육을 강화한다', '어른들부터 욕을 하지 말아야
한다' 등이 꼽혔다.

욕설을 듣고 대응하는 방법

욕설을 듣고 대응하는 방법에 대해서는 '아무렇지도 않은 척한다'
30.2%, '같이 욕을 한다' 29.7%, '화를 낸다' 7.9% 등이었다. 기타
응답으로 '선생님이나 부모님께 이른다', '욕하지 말라고 한다', '참다
가 나중에 복수한다'라고 적은 학생들이 많았다.

욕설을 사용하는 것을 듣고 '하지 말라'고 충고한 이는 친구가 30.0%로 가장 많고, 부모 25.6%, 선생님 23.3%, 어른들 9.7%, 형제나 자매 6.2% 순이었다.[16]

욕설에 대한 학생의 입장

하루에 10번 이상 욕설을 할 때도 있다. 말을 하다가 갑자기 튀어나온다. 아무래도 주변 친구들이 욕설을 사용하다 보니 자연스럽게 하게 된다. 욕을 배운 것은 초등학교 2학년 때 친구가 욕을 해서 함께 하다가 배운 것 같다.

욕의 의미는 알고 있으나 욕을 하는 이유나 계기는 딱히 없었다. 욕을 뜻 그 자체로 쓰기보다는 욕을 통해 말을 가볍게 만들기 위한 용도로 많이 사용한다. 편한 친구 사이에서 대화하는 일에 굳이 자신의 언어생활을 되돌아볼 필요성을 못 느껴 습관적으로 욕을 한다.

욕을 사용하는 것에는 별다른 제재를 반대하지만, 되도록 공적인 자리와 윗사람을 대할 때는 자제해야 한다고 생각한다.

(2) 줄임말[17]

언어는 소통의 중요한 방법이다. 청소년들과 어른 사이가 힘든 것은 소통의 문제요, 소통의 문제는 결국 언어의 문제가 가장 큰 요인이라고 볼 수 있다. 같은 언어를 사용함에도 불구하고 청소년들과 기성세대의 의사소통이 힘든 것은 청소년들이 사용하는 독특한 언어 때문이다.

스마트 세대의 언어 사용의 형태를 보면 말을 줄여서 쓰기, 초성만 사용하기, 접두사 사용하기 등이 있다. 청소년들은 자신들끼리 자연스럽게 사용하여 소통을 원활하게 하지만 이 말들을 잘 모르는 어른들은 청소년을 이해하기 힘들 뿐만 아니라 꼰대라는 이야기를 듣기도 한다.

초성을 사용하는 단어

ㅇㅈ은 '인정'의 초성어로 긍정의 대답을 의미하는 단어로 인정한다는 뜻으로 쓰인다.

ㅇㄱㄹㅇ은 '이거레알'의 초성으로 이거(이것은) 레알(진짜다)라는 뜻으로 상대방이 어떤 의견을 피력할 때 'ㅇㅈ'과 마찬가지로 긍정의 의미로 대답하는 용어이다.

줄임말

'복세편살'은 '복잡한 세상 편하게 살자'의 앞 글자를 따온 줄임말이다. '사바사', '케바케'는 '사람 by 사람', '케이스 by 케이스'의 줄임말로 '사람마다 다 다르고 경우마다 각각 다르다'라는 뜻을 가진 줄임말이다. '취존'은 '취향존중'의 줄임말로 '개개인의 취향을 존중한다'는 뜻이다.

'마상'은 마음의 상처의 줄임말로써 누군가의 말이나 행동으로 마음에 상처를 받았을 때 '마상 받았다' 이런 식으로 사용한다.

'별다줄'은 '별걸 다 줄인다'라는 뜻이다.

'이생망'은 '이번 생은 망했다'는 뜻으로 원하는 대로 이뤄지지 않았을 때 사용한다.

접두사

일반적으로 접두사를 많이 사용하여 무언가를 표현하는 데 청소년만의 사용하는 접두어들이 있다.

갓○○은 최고의 ○○, 훌륭한 ○○와 같이 어떤 대상을 높일 때 쓰는 접두사이다.

인생○○은 갓○○와 같이 자신의 인생에서 최고였던 무언가를 높여 부를 때 쓰는 접두사이다. 예를 들면 인생영화(내 인생 최고의 영화).

변형 단어

한글의 모양을 이용하여 익히 아는 단어들을 바꿔서 사용을 한다.

커엽다는 귀엽다를 바꾼 것으로 커의 글자 모양이 마치 귀와 비슷하다 하여 커와 귀를 바꿔서 쓰고 있다.

댕댕이는 멍멍이, 댕청이는 멍청이를 바꿔 쓴 것으로 댕의 글자 모양이 멍과 비슷하다 하여 커여운 댕댕이, 귀여운 멍멍이 이런 식으로 바꿔서 쓴다.

띵작은 명작을 바꿔 쓴 것으로 띵의 글자 모양이 마치 명과 비슷하다 하여 명을 띵으로 바꿔서 쓴다. 예를 들면 갓띵작, 갓명작, 최고의 명작.

유행어(줄임말)에 대한 학생들의 생각

유행어는 적절히 사용하면 분위기를 띄워 준다. 유행어란 곧 '모두가 아는 웃긴 말'이라고 생각하기 때문에, 유행어들을 재미있다고 여기고 자주 쓰지만 너무 유행어만 쓰다 보면 질리고, 그 단어가 어떤 어원에서 왔는지를 깊게 생각하지 않고 '재미있으면 되는 거지' 하는 태도가 보여서 이미지가 좋지 않게 보일 때도 있다.

요즘에 와서 유행어가 폭발적으로 주목을 받는 이유는 역시 청소년들의 인터넷 유입 연령이 낮아졌기 때문이라고 생각된다. 한번 봐서는 이해하기 어려운 유행어가 많아지고 유행어의 교체 시기가 점점 더 빨라지고 있는 것 같다. 아는 사람들 사이에서 쓰이면 더 재밌고 쉽게 표현을 할 수 있지만, 모르는 사람들은 소외감을 느낄 수도 있다고 생각한다. 하지만 종종 안 좋은 뜻이 내포돼 있는 줄임말/유행어가 있는데 그런 것은 말하는 사람 입장에서는 웃자고 한 소리겠지만 듣는 사람이 불쾌할 수 있는 표현이라고 생각한다.

유행어 자체가 친구와 사용했을 때 편하긴 하지만 어른들에게 사용할 시에는 조심해야 한다고 생각한다. 유행어가 생기는 것 자체는 긍정적으로 보지만 유행어로 서로를 구분 짓고 자신이 속한 경계 밖의 사람들에게 비난과 조롱을 보내는 행위는 좋지 못한 일이며, 이것이 유행어의 부작용이라고 생각한다. 유행어 자체가 한번 반짝이고 마는 일시적인 것에 반해 유행어로 서로에게 준 상처나 모욕은 더 오래가기 때문에 유행어를 만들거나 사용할 때 항상 조심하고 경각심을 지녀야 할 것 같다.

(3) 이모티콘

청소년들이 스마트폰을 통해 많이 사용하는 의사소통의 도구가 이모티콘이다.

이모티콘은 시각적인 비언어 요소로써 MIM(Mobile Instant Messenger) 환경에서 정보를 전달하거나 언어적 요소와 서로 보충하는 중요한 역할을 하고 있다. MIM 환경에서는 사람들이 비언어적 요소 없이 문자 메시지로만 대화했을 때의 의사소통의 어려움을 해결하기 위하여 이모티콘은 MIM 환경에서 감정을 표현할 수 있는 시각 언어로 탄생하게 된 것이다.[18]

이모티콘의 특징[19]

첫째, 이모티콘은 자기의 감정이나 상황적 정보를 표현하기에 유용하고 의미도 정확하게 전달할 수 있도록 한다. 모바일 의사소통에서 문자 언어가 제대로 전달하지 못하는 미묘한 감정이나 언어 행간의 의미를 부차적으로 설명하고 사용자들의 의사를 더욱 분명히 알 수 있게 해준다.

둘째, 이모티콘은 몇 바이트만으로도 감정적 상황 정보를 전달할 수 있기 때문에 짧은 시간 내에 대상을 빨리 인지시켜 준다. 이모티콘은 MIM에서 얼굴 표정이나 동작과 같은 비언어적 기호로 사용되기 때문에 서로 간의 언어를 통하지 않고도 간단한 의사전달이 가능하다.

셋째, 유머러스한 이모티콘은 대화에서 부드러운 분위기를 만들고 화자들 간의 긴장감을 완화시키는 역할로 문자 메시지 전달에 활력을 줄 수 있다.

넷째, 다양한 이모티콘을 통해 자신이 보여 주고 싶은 모습을 선택하여 표현함으로 타인에게 자신이 원하는 인상을 심어 주는 기능을 한다.

이모티콘에 대한 학생들의 생각

이모티콘을 이용하는 가장 큰 이유는 아마도 상황이나 감정을 더 웃기거나 귀엽게 표현할 수 있고, 내가 보내고자 하는 즐거움이나 긍정적인 감정을 보다 생생하게 보낼 수 있다고 생각하기 때문이다. 이모티콘들이 대부분 코믹하게 생겼거나 귀엽고 아기자기한 것들이 많아 이런 긍정적인 상황에서 사용하기에는 안성맞춤인 것 같다.

모바일 메신저는 텍스트여서 비언어적 표현이 없다. 비언어적 표현 없이 온전한 대화를 할 수 없다. 이모티콘은 어감의 차이, 표정의 차이, 몸짓 등을 보조해 주기에 사용한다.

가끔 이모티콘은 억양이나 강세가 없기 때문에 의미를 서로 다르게 해석해 의사소통에 어려움이 있을 수가 있다. 내가 사용하는 이모티콘들은 친구들 사이에서는 내가 원하는 뜻으로 이해가 되지만 부모님 또는 어른들에게 쓸 경우 내가 원하는 뜻과는 다르게 해석될 때가 많다. 이럴 때는 서로의 오해를 푸는 데 이모티콘을 사용하지 않았을 때보다 훨씬 더 시간이 오래 걸리고 감정도 서로 상할 수 있다.

이모티콘을 살 때면 하나의 이모티콘이 마음에 들어 전체를 사게 되는 경우가 있다. 이모티콘을 구매하는 데는 여러 이유가 있지만, 일단 대부분의 이모티콘들은 귀엽다. 별 실용성이 없지만 귀여우니까 산다. 부차적인 이유 중 하나에는 팬심도 있다. 이모티콘 시장이 커지면서 웹툰 캐릭터, 유튜버, 브랜드 캐릭터 등을 이모티콘에서 만날 수 있다.

(4) 청소년들이 사용하는 언어의 특징

메신저 응용 프로그램과 소셜 미디어를 사용하는 십 대들 사이에서 문자와 시각 언어가 지배적인 경향을 보인다. 그 결과로 십 대들은 그들만이 사용하는 용어를 갖게 되었다.

청소년들은 그들만의 의사소통 방식을 가지고 있기에 그들과 긍정적인 의사소통을 하기 위해서는 청소년들이 사용하는 언어의 특징을 이해할 필요가 있다.

청소년들의 언어에 있어서 문맥을 파악하라.

청소년들은 별다줄의 능력이 탁월하다. 이모티콘을 통해서도 자연스럽게 의사를 표현하고 듣는 청소년들은 별다줄 표현을 쉽게 이해한다. 청소년들의 의사소통은 간단하고 직접적이며, 부사와 전치사를 사용하지 않고도 의사를 표현한다.

신체 언어를 살펴라.

신체 언어는 표현할 단어가 부족할 때 사용한다. 청소년들 또한 대화할 때 인사, 몸짓, 표정을 사용하여 메시지를 전달한다. 그들은 종종 음성 언어 또는 문자 언어의 필요성을 무시한다. 청소년들은 신체 언어로 자신을 표현하는 것에 익숙하다.

메시지는 단순하다.

청소년들은 놀랍도록 간단한 방식으로 자신의 최고 및 최악의 기분을 표현할 수 있다. 눈에 눈물이 나는 단순한 이모티콘을 사용함으로써 그들은 슬픔을 표현하고, 하트 모양의 눈을 가진 고양이 이모티콘을 사용하여 그들은 상대에 대한 사랑을 전달한다.

말보다 문자 소통을 선호한다.

디지털 시대에 전화를 사용하여 서로 의사소통을 하는 청소년은 많지 않다. 대신 문자 메시지를 많이 사용한다.

청소년 언어는 끊임없이 변화하고 있다.

디지털 시대에는 모든 것이 빠르게 변화하는 것처럼 청소년들의 의사소통도 유행에 민감하다. 어떤 단어는 빠르게 인기를 얻었다가 금세 잊혀진다. 새로운 트렌드가 유행하면, 그 전의 트렌드는 즉각적으로 잊혀지며, 청소년들의 언어는 매일 새로운 단어와 간단한 별다줄이 추가된다.

2) 스마트폰과 대인관계

스마트폰을 집에서 학원으로, 학원에서 학원으로, 학원에서 집으로 이동하면서 끊임없이 보는 청소년은 디지털 버전의 산책자들이다.[20]

스마트폰 없이는 친구들 간의 친밀감을 형성하지 못하며, 학교의 과제를 수행하지 못하는 환경에 와 있다. 특히 코로나 시대에 스마트 폰은 청소년들의 삶의 중요한 부분을 차지하고 있다. 청소년들에게 스마트폰은 단순한 커뮤니케이션 수단이 아니다. 자신을 표현하고 소통하려는 청소년들에게 스마트폰과 모바일 문화는 신체의 일부이자 분신과도 같은 존재이며 삶의 일부분이라고 할 수 있다.

스마트폰으로 인간관계를 맺어가는 청소년들은 특히 모바일 인스턴트 메신저를 활발히 사용한다. 청소년들은 스마트폰을 매개로 자기 자신을 표현하고, 또래 친구들과의 관계를 만들고 유지한다. 또한 게임과 동영상을 즐기고, 가상 및 현실의 캐릭터를 통해 대리만족하며, 그들만의 새로운 이야기를 만들기도 한다.

모바일 사회로 표현되는 현대사회에서 청소년은 연장자 세대들에 의해 축적된 문화와 지식의 단순한 전수자가 아니며, 오히려 많은 측면에서 새로운 것의 창출자와 전달자의 위치를 차지하고 있다.[21] 따라서 청소년 모바일 문화는 기존의 성인 주도 문화에 신선하고 참신한 자극을 주며, 청소년들을 바람직한 삶의 방향으로 적극적으로 유도할 뿐만 아니라, 우리 사회가 앞으로 지향해 나가야 할 방향과 관련해 가장 민감한 반응을 드러내 보인다는 점에서 매우 중요하다.

3. 청소년들의 놀이터

1) 메신저

인간은 커뮤니케이션을 통해 서로 의미를 공유함으로써 서로 이해하고 합의에 도달하여 거기에서 공동체의 규범으로서의 문화를 창출하는 특징을 지니고 있다. 타인과의 연결에 꼭 필요한 것이 커뮤니케이션이고, 청소년들에게 이를 효율적으로 실행 가능하게 해 주는 것이 모바일 문화이다. 청소년 모바일 메신저 문화는 '관계 지향적' 특징과 '언어 폭력적'인 특징을 지닌다.22)

모바일 메신저 문화는 쌍방의 지리적 장소, 시간, 사회적 환경과 무관하게 특정인에게 직접 메시지를 전달할 수 있는 특징을 가지고 있다. 메신저 문화는 심리적 거리감이 확보되어 소통에 안정감을 주기 때문에 대면 커뮤니케이션이나 전화통화에서 발생되는 커뮤니케이션의 어색함이나 직접 말하기 어려운 내용을 전달하기 위한 수단으로 주로 이용되고 있다.23)

반면 모바일 커뮤니케이션의 부정적인 측면도 존재한다. 모바일 공간에서의 익명성과 가상공간이라는 시·공간적 자유로움이 청소년들의 소통을 촉발하기도 하지만, 사이버 폭력에 더 쉽게 노출될 수 있

으며, 이러한 행위가 순간적인 만족과 재미, 충동 경향에 의해 일어남
으로써 모바일 메신저 문화의 한계를 잘 보여 주고 있다.[24]

메신저에 대한 학생들의 생각

문자만 쓰던 시절에는 문자의 수가 제한이 있어 불편했는데, 카카
오톡과 같이 와이파이를 쓰는 메신저가 유행하면서 소통에 대한 자유
도가 높아진 것 같다. 문자는 긴급한 상황을 알릴 때 쓰는 경우가 많
아진 것 같다.

카카오톡, 페이스북 메시지(페메) 같은 메신저는 문자보다 더 긴
내용을 보낼 수 있고 사진을 공유할 때도 사진을 묶어서 보내는 기능
이 있어서 매우 편하고 유용하다.

친구들과 빠르고 간편하게 약속을 잡을 수 있어서 편리하다. 또
친구들의 얼굴을 볼 수 없는 이 시점에도 게임을 통해서 친구와 놀
수 있다. 스마트폰은 손안에 작은 엔터테인먼트라서 스마트폰 하나로
충분히 편리하다.

연락하는 수단 외에도 다양한 기능이 생겼지만 정말 필요한 소식
만 주고받는 것 외에는 활용 안 한다.

2) 소셜 게임 및 동영상 공유

청소년의 소셜 게임 및 동영상 공유 문화는 '재미있는' 특징을 지
닌다. 교육철학자 Dewey(1961)는 재미를 '사이에 있는 것(inter+esse:
what is between)'으로 정의하고 우리의 마음이 어떤 대상에 사로잡

혀 있다는 것을 의미한다고 하였다.[25] 재미에 깊이 빠진 상태 즉, 재미를 느낄 때 그 외에는 어떤 것도 하기를 원하지 않는데, 이러한 경험은 소셜 게임 및 동영상 공유 문화를 향유할 때 나타난다.

소셜 게임에서 청소년들은 제작자가 의도하지 않았던 자기만의 세계를 타인과의 상호 작용을 통해 게임 속에서 창조하며, 게임은 제작자의 품을 떠나 스스로 새로운 세계를 창조한다.[26] 게임에서 새로운 창조의 경험은 더욱 재미에 빠지게 하며, 이것이 다시 확장되어 완전히 새로운 게임의 세계가 열린다. 이러한 경험이 게임을 다른 어떤 것보다 중독성 있게 만들고, 청소년들에게 끊임없는 즐거움을 주고 있는 이유이다.

'동영상 공유 사이트'에서도 이와 마찬가지로 청소년들은 자신의 즐거움을 위해 관심사나 취미와 관련된 영상을 찾아 시청하고 친구들과 그 즐거움을 같이 나누고자 영상을 공유하거나 댓글을 통해 자신의 의견을 자유롭게 피력한다. 더 나아가 자신이 '동영상 공유 사이트 콘텐츠'를 패러디하거나 새롭게 창조하기도 한다.[27]

게임과 동영상 공유에 대한 학생들의 생각

애플 스토어보다 구글 플레이스토어에서는 하나의 게임이 나오면 그걸 복제해서 올려도 제재를 하지 않는다. 이는 비슷하게만 편집하여 똑같이 게임 시장에 올리는 행위를 부추기는 행위이며 더욱 저작권 의식이 없어져 가고 있다고 생각한다.

과거에는 많이 했지만 요즘에는 게임에 다양성이 없고 양산형 게임이 많아져서 잘 하지 않는 편이다.

시간을 재밌게 보낼 수 있으며 친구들과 같이 할 수 있는 멀티가 되는 게임은 넷 상에서 친구들을 만날 수 있기 때문에 새롭다.

한번 꽂히면 그것만 열심히 하는 경향이 있어 아직도 즐기는 게임이 있다. 게임에 돈을 쓰는 것 자체에 본인은 별로 신경 쓰지 않지만, 주변에서는 탐탁지 않아 한다.

영화를 다운 받아 보고 티비에서 프로그램을 기다리던 예전과 달리 내가 보고 싶은 카테고리에 손쉽게 접근할 수 있어 편리하다. 하지만 급속도로 성장한 시장인 만큼 충분한 기준이 없어 창작자나 소비자 모두가 악영향을 받기도 쉬운 것 같다. 창작자의 경우 무단으로 캡처를 당해 저작권 피해를 입을 수 있고, 소비자의 경우 유해한 영상에 쉽게 노출될 수 있다.

유튜브는 누구든지 쉽게 볼 수 있어 어린 나이에 자극적인 매체를 접하면서 부적절한 언어와 행위를 따라하게 된다.

유튜브를 열심히 본다. 라이브를 볼 수도 있고 한국 사이트에서는 잘 찾아볼 수 없는 외국 자료나 영상 등을 찾아볼 수 있어서 즐겨 사용한다. 언제 어디서나 거의 모든 정보를 얻을 수 있는 유튜브는 아마 앞으로 몇십 년간은 가장 큰 정보공유의 창이 될 것 같다.

3) SNS

청소년 SNS 문화는 '익명성을 기반으로 하는 자기표현'의 특징을 지닌다. 익명이 보장됨으로 외부 검열과 통제에서 비교적 자유로워 청소년들은 현실과는 다른 행동과 의사 표현을 한다.

사람들은 모바일 공간에서 실재감을 느끼며, '남이 바라보는 나'로서가 아니라 '그렇게 되고 싶은 나'로 모바일 공간에 들어오게 된다.28) 또한 '그렇게 되고 싶은 나'로서, 종종 익명성의 가면 뒤에 숨은 채로 실제 현실에서 할 수 없었던 일에도 과감하게 도전해 볼 수 있으며 타인에게 자신의 속마음을 쉽게 내비칠 수 있다.

온라인 친구들이 생각하는 나의 정체성이 '가상적으로 부풀려진 정체성'이라 하더라도 사람들은 그 가상의 '사람'과의 교류에 행복해하며, 교류 자체에 가치를 부여하면서, 때로는 마음 설레면서 '좋아요'를 누른다. 폭력, 가학, 섹스, 사이버불링과 같은 반사회성 인격을 창출하거나 사회 규범을 따르지 않는 일탈을 할 수도 있지만 'SNS'나 SNS 문화에서 자신이 지향하는 아이덴티티를 갖고 싶어 하고 이를 계속 유지하고 싶어 한다. 이는 청소년들이 새로운 정체성을 추구하기 위한 개인의 욕망을 끊임없이 표현하기 때문이다.29)

고민, 위로, 관심사를 드러내는 모바일 문화에는 현실 세계에서 쉽게 표현하지 못하는 청소년, 그들 자신의 이야기나 고민거리 그리고 취미생활이나 학업에 관련된 이야기가 드러나 있다. 현실 세계에서 청소년은 자신의 고민거리를 주변 사람들에게 알리고 그것에 대한 해결책을 찾고 또한, 위로를 받고 싶어 하지만 그러한 행위를 하기 위해서는 자신의 사생활을 타인에게 일부 공개해야 되는 어려움이 있다. 하지만 익명이 보장되는 SNS에서는 현실의 제약 없이 타인에게 자신의 이야기를 알리고 같이 문제 해결을 고민하며 위로를 받을 수도 있다.30) 청소년들은 이러한 모바일 문화들을 향유하면서 불안을 유발하는 각종 상황을 자신과 분리하여 객관화하고, 심리적 안정감을 얻는 한편 특정한 목적을 이루기 위해 모바일을 적극적으로 활용한다.

SNS에 대한 학생들의 생각

SNS를 사용하면서 익명성을 이용하여 싸뭉(사이버불링)을 많이 접했다. 분명 익명성에 대한 긍정적 영향은 있지만 현재 부정적 영향이 더욱 대두되어 심각한 문제를 일으키고 있는 것 같다.

SNS는 보통 다른 사람들이 올린 소식을 보는 용도로만 사용하는 편이다.

뉴스는 잘 찾아보지 않는 편인데 페이스북 타임라인에 올라오는 기사들은 가끔 읽는 편이다. 타임라인에서는 가끔 도움이 되는 정보들도 찾아볼 수가 있다. 유행하는 것들은 무엇이 있는지 알 수 있다.

SNS는 열심히 하지는 않는다. 가끔 들어가서 주변인들이 어떻게 지냈는지 흘려 본다. 아마도 이런 상황에서는 잘 모를 수도 있는 주변인의 근황을 알 수 있다는 점이 SNS의 장점인 것 같다.

4) 웹툰

청소년 웹툰 문화는 '디지털 내러티브'의 특징을 지닌다. 웹툰 문화는 기존의 내러티브 문화의 이야기 형식은 물론, 이야기 수용 양식에 디지털기술의 특정한 매체적 속성이 반영됨으로써 변화된 문화이며, 이용자의 선택 및 수행, 그리고 이용자 간의 커뮤니케이션과 같은 상호 작용을 통해 이야기가 구현된다.31)

웹툰에서 일어나는 이용자와의 적극적인 상호 작용 도구는 주로 점수 시스템이나 댓글이다. 댓글 문화의 특징을 보면, 청소년들이 웹툰 연재 게시판에 댓글을 달고, 웹툰에 대한 만족도나 작품성에 대해 별점을 주면서 직접적으로 반응하고, 웹툰 내용에 대한 자신만의 의견이나 해석을 덧붙이면서 적극적으로 이야기 전개에 영향을 끼치는 방식이다.

이러한 문화적 특징을 갖는 웹툰은 이용자의 즉각적인 반응 및 새로운 내용적, 형식적 시도에 기반한 집단 문화로서의 성격을 보인다.

따라서 청소년들은 자신들이 상상하고 표현하고 싶었던 이야기들과 유사하게 표현된 웹툰을 보면서 대리만족을 느끼며, 댓글로 웹툰에 대한 적극적인 의견을 제시하여 작가와 함께 웹툰의 이야기를 이끌어나가는 창조적인 역할을 한다.32)

웹툰, 웹소설에 대한 학생들의 생각

외모에 관련된 웹툰을 쉽게 접하게 되면서 그 웹툰 세계에서 나타난 자극들이 현실에도 영향을 미치는 경우가 많은 것 같다. 사람들의 외모를 일반화하는 모습도 보인다.

웹소설은 한 번도 본 적이 없다. 웹툰은 일주일 골고루 챙겨 보는 편인데 호기심을 자극하며 연재가 되어 다음 내용을 너무 궁금하게 한다. 다양한 분야, 그림체, 스토리들 때문에 여러 가지 보게 된다.

5) 청소년기의 사이버 폭력

청소년들에게 스마트폰은 떼려야 뗄 수 없는 신체의 일부와 같다. 삶의 중심이 스마트폰의 다양한 형태의 기술 중심으로 돌아간다. 청소년들은 스마트폰과 소셜 미디어 플랫폼에 전적으로 의존한다.

다양한 정보를 쉽게 접할 수 있으며, 확산시킬 수 있는 힘을 가진 스마트폰에 의해 청소년들이 정보 오용의 위험에 노출되었다. 스마트폰의 오용은 모바일 문화의 특징 중 하나인 익명성과 결합하여 사이버 범죄에 청소년들의 가담을 증가시키고 있다. 청소년에 대한 법적인 면책을 의도적으로 이용하고 나아가 익명을 통해 반사회적 행동에 참여하는 등 사이버 범죄를 저지르고 있다.

사이버 폭력의 유형

청소년들이 저지르는 대부분 사이버 범죄는 망신, 위협, 성, 강탈 등과 관련이 있는데, 이러한 범죄는 다음과 같은 범주로 분류된다.[33]

사이버 스토킹: 인터넷 게시판, 대화방, 이메일 등 정보통신망을 통하여 상대방이 원하지 않는 접속을 지속적으로 시도하거나 욕설, 협박 내용을 담고 있는 메일 송신행위를 지속적으로 하는 것.

사이버 명예훼손: 타인의 명예를 훼손하는 글·사진 등을 인터넷

게시판에 게시하거나 전자우편 등을 통해 유포하는 것.

해피 슬래핑: 피해자가 본인의사와 무관하게 예상치 못하게 가해자로부터 휴대폰 촬영을 당하는 것.

ID 도용: 친구끼리 자신의 ID를 공유하거나 특정 어플리케이션에 자동로그인 되도록 설정해 놓은 스마트폰을 남기고 자리를 비운 사이에 친구들이 맘대로 사용하는 것.

사진 변조: 상대의 사진을 허락 없이 합성하여 그것을 다수와 함께 공유하거나 게시하여 상대방으로 하여금 수치심을 가지게 하는 행위.

사이버 갈취: 사이버상의 특정수단을 통해 금품 갈취를 하거나 금전적 가치가 있는 대상(사이버머니, 캐릭터)을 얻거나 갈취하기 위해 지속적인 또는 억압적인 메시지를 보내는 행위.

사이버 성폭력: 원치 않는 성적 메시지(글, 부호)나 이미지(음향, 영상물)를 상대방에게 일방적으로 보냄으로써 상대방에게 심각한 정신적 피해를 유발하는 행위.

카톡 감옥: 스마트폰 카카오톡 또는 이와 유사한 어플의 이용에 있어서 단체 대화방에서 퇴장한 대상을 지속적으로 재차 불러내어 원치 않는 정보를 공유하거나 비방을 하는 행위 및 대화방에서 퇴장하면 불이익을 받거나 괴롭힘을 당하는 대상이 될 것이라는 분위기를 조성하여 대화방에서 나가지 못하도록 하는 행위.

사이버 차단: 사이버상 또는 스마트폰 대화방에서 특정 대상을 친구 목록에서 제외시키거나 친구 신청을 거부하는 행위.

플레이밍: 인터넷에서 상대에게 욕설과 비속어를 사용하는 행위나

비방, 허위사실 유포, 인신공격, 게시판 도배, 성희롱 등 다양한 행위.

사이버 명령: 사이버상 또는 스마트폰의 기능을 활용하여 시간과 거리에 구애받지 않고 특정 대상에게 원하지 않는 행동을 강요하거나 심부름 등을 시키는 행위.

안티카페: 어떤 특정한 사람을 싫어하는 사람들이 모여서 그 특정 대상에 대한 비방, 욕설, 사진 변조 등을 하는 행위.

사이버 왕따 놀이: 사이버상 또는 스마트폰 등의 기능을 활용하여 카카오톡, SNS 등에서 한 친구를 왕따로 지목한 뒤 집단으로 괴롭히는 행위.

사이버 범죄에 대한 학생들의 생각

청소년 중에 특히 여성 청소년들은 사이버 범죄에 취약하다. 요즘 제일 문제가 되었던 'n번방 사건'의 대다수 피해자는 여성 청소년들이었다. 이 사이버 범죄를 주동한 가해자는 거의 남자였으며, 남자 인증을 받아야 성 착취 영상을 공유받을 수 있다고 기사에서 보았다. 이들 중에선 중학교 학생들, 고등학교 학생들까지 포함되어 있었다.

이 사건을 볼 때 사이버의 큰 장점이자 약점인 익명성을 이용했다는 점을 알 수 있다. 청소년의 이런 행동은 결국 어른에게서 배운 것이다. 이러한 행위를 만들어온 윗세대들에게 당연히 그 책임이 있다고 생각한다.

사이버 범죄는 그 모든 증거가 데이터로 남음에도 불구하고 상대적으로 가볍게 생각하는 면이 있다. 사이버 공간에서는 쉽게 익명으로 존재할 수 있기 때문이다. 불법적인 사이트도 서버 주소가 해외면 쉽게 처벌받지 않는다. 가해는 쉽고 대응은 어렵다. 정보통신기술은 발달했지만, 그 만큼 음습한 사람들도 늘어난 것 같다.

대응이 너무너무 부족하다고 생각된다. 특히 성범죄의 경우도 범죄자가 제대로 처벌받지 않는 경우가 수두룩했는데 사이버 성범죄의 경우는 최근 10년 동안 적극적으로 거론되어서 대법원의 양형 기준이 높아졌다.

여성 청소년의 젠더 감수성은 나이를 불문하고 높아져만 가는 데 반대로 남성 청소년은 젠더 감수성을 이해하지 못하고 오히려 자극만 쫓게 되는 쪽으로 성장하는 것으로 보인다. 낮아지고 있는 성범죄 가해자 나이가 젠더 감수성과 무관하다고는 생각할 수가 없다. 성에 대한 교육이 적극적으로 시행되어야 하고 어른들 또한 성교육을 다시금 받아야만 한국 사회는 그제야 한 발자국 내디딜 수 있을 것이다.

청소년들의 사이버 범죄는 앞으로 대한민국 사회가 어떤 모습을 취하게 될지를 미리 보여 주는 경고일 수도 있다. 청소년들은 미래에 대한민국의 주요 구성원이 될 것인데 일찍이 범죄를 저지른다는 것은 미래에 또 일어날 가능성이 있다고 생각한다. 결국 청소년들의 범죄를 사전에 방비하거나 그 처벌을 강화해서 다른 청소년들이 동경의 의미로 학습하지 않도록 조치를 취해야 할 것이다.

Part 2

퍼실리테이션 시대를 향하여

스마트 세대들은 세상과 공감하고 소통하며, 참여를 통한 민주시민 사회를 실현해 가기에 적합한 세대들이다. 퍼실리테이션은 이들이 자신과 다른 경험과 가치관을 가진 구성원들 간에 서로를 존중하고 합의를 이뤄가도록 촉진하는 데 유용한 도구가 될 것이다.

1. 퍼실리테이션

고2 주니어 퍼실리테이터가 경험한 퍼실리테이션

퍼실리테이션은 의견 조율에 앞서 의견을 낼 수 있도록 생각을 자극하며, 기존의 옳고 그름을 따지는 사고에서 벗어나 다양성을 인정하는 사고를 경험하게 하였다. 세대를 떠나서 다양한 의견들을 모으고 하나의 목적으로 정리할 수 있는 틀을 제공하였다.

　주제가 재미있을 때에는 참여자의 적극적인 참여로 퍼실리테이션의 진행 과정이 즐거웠으나, 그렇지 않은 상황에서는 참여자들의 침묵이 힘들었고, 에너지 소비가 많았다. 참여자가 퍼실리테이터와 연령차가 많을 때 심리적인 부담감을 느꼈다. 퍼실테이터의 친화력은 참여자의 높은 참여율을 보여 주었다.(박은지 주니어 퍼실리테이터)

퍼실리테이션의 개념

　퍼실리테이션(facilitation)의 사전적 의미는 사용하기 쉽게 함, 편리화, 촉진 조장이며, 동사형으로서 facilitate는 '촉진하다', '도움을 주다', '소통하다'는 뜻을 가진다. 어원은 라틴어 Facile에서 왔으며 "to make easy(쉽게 만드는 것)"의 속성을 지니고 있다.

　집단 구성원 간의, 혹은 집단 간의 소통과 협력을 쉽게 만드는 것이 퍼실리테이션이다. 즉 퍼실리테이션은 사람들 사이에 소통과 협력이 활발하게 일어나 시너지가 생기도록 도와주는 행위이고, 이런 일을 하는 사람을 '퍼실리테이터(facilitator)'라고 한다.[34]

　청소년 퍼실리테이션은 청소년과 관련된 모든 사람 간의 공감과 소통을 디자인하고, 참여를 통한 학교 자치와 민주시민을 양성하여 이상적인 시민사회를 실현해 나가도록 촉진하는 과정이다. 자신과는 다른 경험과 가치관을 가진 다양한 구성원들이 서로를 존중하고 소통으로 집단지성을 이루어 합의를 이뤄가도록 촉진한다.

청소년 퍼실리테이션의 특성

퍼실리테이터는 그룹 토론의 내용에 관여하지 않으나 절차를 이끌어간다. 다른 사람을 억압하거나 강제하지 않는다. 퍼실리테이션에 참여하는 모든 사람은 동등하게 말할 권리가 있으며, 대화와 의사 결정에 참여할 수 있다. 개인의 고유한 가치, 그룹 공동의 지혜, 협력, 선택, 합의는 퍼실리테이션의 전제가 된다.

유능한 퍼실리테이터는 개개인의 가치를 인정하고, 개발하고, 표현할 것을 촉진하며, 다른 사람들과의 상호 작용을 통해 공동의 목표를 향해 함께 노력하는 집단의 일원으로 인식하도록 돕는다. 청소년 퍼실리테이션은 공감, 소통, 합의, 결정, 참여, 평등, 평화로운 공동체 조직, 상호 인격적 존중 등의 특성을 내포한다.

이를 바탕으로 청소년 퍼실리테이션을 이루는 4가지 본질적인 속성은 모든 사람의 잠재적 가능성을 인정해 주는 상호 존중, 다양성을 인정하며 모든 참여자의 적극적인 참여를 조장하는 조건 없는 평등적 참여, 창조적인 의사소통을 전체과정에서 온전하게 실현하는 합의적 의사 결정, 공감과 소통을 통한 평화로운 공동체 조직이다.

2. 퍼실리테이션의 역사

퍼실리테이션의 역사가 언제부터 시작되었다는 구체적인 기록은 없다. 다만 추론할 수 있는 것은 퍼실리테이션의 의미를 집단의 문제 해결, 집단 의사 결정, 집단의 변화 즉 긍정적인 변화의 관점으로 넓게 보았을 때 인류가 공동체를 형성한 부족 사회를 기원으로 볼 수가 있다.

역사 속의 퍼실리테이션

집단의 발전 속에 나타난 퍼실리테이션을 살펴보면 그리스·로마 시대의 시민 참여와 공화정, 소크라테스의 문답식 대화법에서 퍼실리테이션의 모습을 볼 수 있다.

우리나라에서는 세종대왕의 통치 방법에서 퍼실리테이션의 모습을 볼 수 있다. 세종대왕은 '토론의 군주'로 불릴 만큼 회의에서의 성과에 집착했고 소통을 중시했다. 세종이 즉위하자마자 한 첫마디가 바로 '의논하자'였다. 세종은 실용주의자로서 실제 사례 연구를 통해 현실에서 실현 가능한 정책을 생산해 내기 위해 협력과 창의적 아이디어의 필요성을 절감하고 일종의 TF팀인 '도감'을 만들어 빠르게 실행했고 성과가 나면 받아들였다.[35] 회의를 통해 다양한 의견을 듣고 그 의견을 모아 일을 추진했던 그의 통치 방법에서 퍼실리테이터의 모습이 보여진다.

한국청소년퍼실리테이션의 역사

한국청소년퍼실리테이션의 역사는 한국청소년인성진흥협회 박승주 이사장이 2016년 신좌섭 교수를 초청하여 청소년 퍼실리테이터 과정을 개설하면서부터라고 할 수 있다.

신좌섭 교수를 통해 퍼실리테이션을 접한 안만호, 오순옥, 박점식을 비롯한 청소년 퍼실리테이터들이 청소년들이 만들어갈 민주시민 사회를 꿈꾸면서 초, 중, 고등학생들을 대상으로 공감과 소통, 참여 시민사회를 지향하며 퍼실리테이션 보급에 나섰다. 대학생과 고등학생들을 주니어 퍼실리테이터로 양성해 왔다. 같은 시기에 학교에서는 양혜진 선생님을 비롯한 교사들이 학교 현장에서 학생들을 대상으로 학교 자치, 민주시민 교육에 앞장서면서 청소년 퍼실리테이션의 역사를 만들어가고 있다.

3. 청소년 퍼실리테이션의 목적

공감과 소통, 참여적 민주시민 사회를 지향하며, 공동체 안에서 서로 존중하며 아름답고 풍요로운 행복한 개인의 인생을 설계한다. 나아가 정의롭고 공평한 사회를 눈부시게 발전시킬 수 있는 조직과 국가 사회의 일원이 되도록 돕는 것이 청소년 퍼실리테이션의 기본 목적이다. 이에 따라 개인 차원과 학교 자치 차원 그리고 국가 사회 차원으로 나누어 살펴볼 수 있다.

개인 차원의 목적

청소년 퍼실리테이션은 개인적으로 자아실현의 완성을 목적으로 자신의 가능성을 극대화하고 아름답고 풍요로운 행복한 삶을 영위할 수 있도록 최선을 다해 돕는 과정이다. 즉 청소년을 생동감 넘치는 청소년다운 삶을 살아가도록 지원하여 청소년으로 하여금 명확한 정체성을 확립하고 자기완성을 향해 나아가도록 적극적으로 돕는 활동이다.

학교 자치 차원의 목적

청소년 퍼실리테이션의 목적은 학교 자치의 효과성 증진을 극대화할 방향을 유지하며, 학교의 모든 구성원의 능동적 참여를 조성하여 공감과 소통, 합의를 통하여 온전한 학교 자치를 실현하여 교육의 목적인 민주시민 교육을 성취하도록 돕는다.

국가 사회 차원의 목적

청소년은 미래 사회의 주인공으로 국가 사회 발전의 미래의 핵심 인력들이다. 국가 앞날의 발전 수준을 가늠할 총체적 역량을 준비해야 할 위치에 있는 시기이다. 미래 시대에 알맞은 창의력과 융합능력과 창조적 문제 해결력 등의 핵심 역량을 갖춘 우수한 인재양성을 위해 청소년 퍼실리테이션의 활용이 반드시 있어야 한다.

4. 우리가 꿈꾸는 학교 – 학교 자치

이상적인 학교는 교육의 3주체인 교직원, 학생, 학부모 모두가 원하는 학교이다. 교직원은 가르침의 보람을 느끼고, 학생은 가고 싶어 하고, 학부모는 보내고 싶은 학교가 이상적인 학교일 것이다.

1) 지금의 학교 모습은?

많은 교직원이 학교를 떠나고 있다. 교사들의 스트레스 지수는 계속해서 높아지고 있다. 교사 직무 스트레스 실태를 분석한 결과, 우리나라 초·중·고등학교 교사는 직무 요구로 인한 스트레스가 가장 높았으며 직무 자율, 보상 부적절, 조직 체계, 직장 문화, 관계 갈등, 직무 불안정 순으로 스트레스를 경험하고 있었다.

즉, 과도한 업무량으로 인한 직무 부담이 가장 큰 스트레스의 요인이며, 이어서 직무 수행 과정에서의 자율성 및 의사 결정의 권한 부족, 적절한 내·외적 보상의 결여 및 전문성 개발을 위한 기회의 부족 등이 교사를 힘들게 하고 있다.[36]

2) 학생들의 상황

대한민국은 OECD 국가 중 청소년 자살률이 가장 높다. 2019년 12월 24일 통계개발원의 'KOSTAT 통계플러스'에 실린 내용을 보면 한국의 아동·청소년이 수면 부족에 시달리고 있으며 행복도를 국제적으로 비교하면 경제협력개발기구(OECD)와 유럽 주요국 가운데 가장 낮은 것으로 나타났다. 아동·청소년의 33.8%가 '죽고 싶다는 생각을 가끔 하거나 자주 한다'라고 응답했으며, 그 원인으로 학업 문제 (37.2%)가 가장 큰 비중을 차지했다. 학업 스트레스가 가장 높은 것으로 나타났다. 한국 아동·청소년의 삶 만족도 평균 점수는 6.6점 (2018년 기준)으로, OECD와 유럽 주요국과 비교해 최하위권에 속했다.

3) 학부모의 현실

교육비로 인해 자녀 출산율이 떨어지고 있다. 자녀들의 교육 환경에 따라 부동산 가격이 달라지고 있다. 자녀 교육비의 과다 지출로 노후를 제대로 준비하지 못하고 있다. 입시 문제, 학교 폭력, 자녀 성적에 의한 부모의 평가 등 학부모가 자녀 교육 때문에 지고 있는 물질적 심리적 부담은 너무 크다.

4) 좋은 학교는 어떤 학교일까?

우리 사회에서 말하는 명문 학교는 어떤 학교일까?

학교를 평가할 때 가장 먼저 보는 것이 대학 진학률이다. 대학 진학률이 높기 위해선 성적이 좋아야 하고, 성적이 좋으면 좋은 대학에 가고, 좋은 대학에 가야 좋은 직장 구하고, 즉 사회에서 성공하기 위한 전제 조건을 공부로 보고 있다. 해마다 입시가 끝나면 학교 및 거리의 학원에 명문대, 4년제 인서울에 몇 명 보냈다는 현수막을 쉽게 볼 수 있다.

그럼 이런 성적만 추구하며 성적을 올리는 학교에 다니는 학생들은 행복할까? 가고 싶은 학교일까? 성적은 올릴 수 있으나 행복하지는 않다. 학업 스트레스로 인해 OECD 국가 중 청소년 자살률이 가장 높다.

학교 구성원들 모두가 만족할 수 있는 학교는 있는가? 학생들이 가고 싶은 학교, 학부모가 보내고 싶은 학교, 교사들이 가르침에 보람을 느끼는 학교, 이런 학교가 대한민국에 있을까? 그럼 지구촌에 이런 학교가 있을까?

최근 세계가 주목하는 대학이 있다. 미국 매사추세츠주 보스턴 근교의 소도시 니덤에 위치한 올린 사립 공과대학교이다. 올린대학교는 1997년 혁신적인 공대 교육에 뜻을 가진 프랭클린 W. 올린의 기부로 설립되었으며, 2002년부터 매년 70여 명을 선발하여 현재 300여 명의 학부생과 30여 명의 교수진으로 구성된 소규모의 학교이지만 기존의 공대 교육과는 차별화된 독특한 커리큘럼과 동시에 학생 주도, 경험 중심의 완전히 새로운 교육 방식을 성공시키면서 '미래의 교육'을 현실로 만든 혁신 사례로 손꼽힌다.[37]

올린대학교는 MIT와 함께 전 세계 공학교육의 최고 대학으로 선정됐다. 2016년과 2017년 조사를 통해 '공대 교육의 세계화'라는 연구 결과가 나왔는데 전 세계 50개 대학을 인터뷰한 결과 올린공대와 MIT가 각각 1위와 2위로 가장 많이 인용됐다. 또 US News & World Report의 대학 순위에서 2018년과 2020년 공대 학부과정 미국 3위, Money Inc.의 2019 보스턴지역 톱 20개 대학 포함, 비즈니스 인사이더의 2018 미국에서 가장 똑똑한 대학 3위 등으로 미국의 명문대 반열에 올랐다.[38] 그런데 올린이 주목을 받는 것은 높은 순위와 같은 성과 때문만은 아니다. 올린의 혁신적이고 이상적인 설립 사명과 교육 철학 때문이었다. 올린의 사명은 온전히 사람을 길러 내는 데에 초점을 맞추고 있었다. 이 학교의 특징은 다음과 같다.

첫째, 교육 주체의 참여이다. 올린공대는 개교를 준비하면서 2000년 9월 교직원 채용을 하고, 2002년 8월 개강에 앞선 2001년에 30명의 예비 신입생이라고 할 파트너 학생(Partner Students)을 뽑았다. 이들 학생은 놀랍게도 교수진과 함께 대학을 설계하고, 교육과정 개발에 능동적으로 참여했다. 학생들이 수동적 역할이 아닌 자기 교육과정 창조에 능동적인 역할을 수행하였다.[39]

둘째, 교육 주체들의 협업이다. 올린은 학생들의 협력. 소통 능력을 높이기 위해 팀 프로젝트를 활용하고 있다. 교수들은 코치 역할로 제한되며, 학생들을 평가하거나 프로젝트 성공의 방법을 알려 주지 않는다.

올린은 교수 채용 시 실력보다는 협업 능력을 중시한다. 교수 채용 인터뷰 가운데 그룹 인터뷰는 여러 명의 교수 후보들을 한꺼번에 캠퍼스로 불러 모아 한 가지 작업을 함께하여 협동 능력과 자기 분야 외의 다른 분야 작업에 대한 적극성, 이 두 가지를 주로 살펴본다. 이는 교수들이 전문가로서의 능력보다는 감독으로서의 능력과 학생들의 능력 개발을 위한 조력자로서의 능력을 검증하기 위한 시스템이다.[40]

셋째, 올린의 교육 시스템은 기초 단계, 전문화 단계, 실현 단계의 프로젝트 기반으로 구성된다. 올린 교육이 기존의 공대 교육과 근본적으로 다른 점은 문제 해결 능력이다. 기존의 교육이 단순히 문제 해결책을 찾는 것이라면 올린은 사회를 돕기 위하여 해법이 꼭 필요한 문제를 찾아내는 법을 가르친다. 학생들이 고안해내는 해결책들은 실제 사회 문제들을 해결할 수 있어야 한다는 접근 방식에서 출발한다. 그래서 학생들은 1학년 때부터 실용성 있는 프로젝트를 통해 '하면서 배우는' 교육을 한다.[41]

넷째, 변화를 추구한다는 것이다. 올린의 목표는 좋은 공대가 되는 것이 아니라 공대 교육에 새로운 모델을 제시하는 데 있다. 올린은 '현재'에 만족하지 않고 기업들에 이들이 어떤 공대 교육을 원하는지 끊임없이 묻고 있다. 앞으로 전진하지 않으면 퇴보할 수밖에 없다는 점을 잘 알고 있기 때문이다.[42]

다섯째, 지역 사회와의 협업이다. 올린은 지역 사회, 기업과 함께 수업을 만들어 학생들이 현실의 문제를 해결하는 경험을 쌓게 한다. SCOPE(Senior Capstone Program in Engineering)라 불리는 기업 컨설팅 프로젝트에 적용할 수 있는 혁신가, 개발자, 사업가, 리더를 양성한다. SCOPE 프로젝트는 공학적인 해결 방법을 필요로 하는 문제들을 가지고 오는 회사들과 다른 기관들로부터 지원을 받아 혁신적인 솔루션을 제공한다.[43]

올린의 특징은 학교 자치의 전형적인 모습이다. 학교 자치는 학교 구성원인 교직원, 학생, 학부모 모두가 학교 운영에 참여를 한다. 교사들은 수직문화가 아니라 수평문화, 승진을 위한 경쟁이 아니라 협업, 올린의 교수들은 이것을 보여 주고 있다.

또한 교과과정도 전문성을 가진 교수가 선정하지만 여기에 학생들이 참여한다. 지역사회와의 협업은 학교 자치의 학부모 적극 참여뿐만 아니라 지역사회의 참여 모습을 잘 보여 준다. 학교 자치가 잘 이뤄짐으로 좋은 학교가 되고, 좋은 학생이 되니, 사회에 필요한 역량을 가진 인재로 성장함을 잘 보여 주고 있다.

우리가 꿈꾸는 학교의 모습은 학교 자치를 통한 가고 싶은 학교, 보내고 싶은 학교, 가르침에 보람을 느끼는 학교를 만들어야 한다. 더는 획일화된 주입식 교육으로 창의력을 떨어뜨리고, 경쟁 위주로 학교 서열화를 만드는, 경제적 불평등과 함께 교육의 불평을 초래하는 교육이 아니라 학교 자치를 통해 공교육에 대한 신뢰를 회복해야 한다.

나아가 자주적 의사 결정 능력과 민주시민의 자질을 갖춘 21세기 새로운 전환의 시대에 행복한 삶과 민주국가 발전에 필요한 인재를 길러내기 위해 학교 자치가 실현되어야 한다.

5) 학교 자치 어떻게 실현할까?

학교 자치의 3대 교육 주체들은 어떻게 자치를 실현해 가야 하는가? 교육의 주체로서 각자 역할을 어떻게 수행할 것인가?

학교 자치의 정의를 다시 보면 '학교 자치'란 학교가 교육 운영에 관한 권한을 갖고 교직원, 학부모, 학생 등 교육 주체들의 자발적 참

여를 통해 교육 운영과 관련된 일을 민주적으로 결정하고 실행해 나가는 것이라고 정의할 수 있다.[44]

학교 자치는 교육의 자주성과 전문성을 보장하는 교육 자치 이념을 학교 차원에서 구현하는 것으로, 권한 배분을 통한 학교 운영의 자율적인 성장과 교육 주체의 참여를 통한 민주적 의사 결정을 핵심으로 한다. 여기서 핵심 키워드는 교육 주체들의 자발적 참여를 통한 방법론이다. 그리고 민주적 의사 결정을 통해 학교 자치를 실현해 가는 것임을 말하고 있다.

6) 학교 자치 무엇으로 실현할까?

교육 주체들의 자발적 참여와 민주적 의사 결정을 할 수 있는 최적의 방법은 무엇일까? 청소년 퍼실리테이션이다. 청소년 퍼실리테이션은 공감과 소통, 참여, 합의를 이뤄가는 도구이다.

교육 주체들 간 공감을 통해 소통하고, 소통을 기반으로 한 적극적인 참여를 통해 합의를 이뤄감이 학교 자치를 실현하는 최적의 방법이다.

7) 학생들이 생각하는 학교

학교는 교육하는 곳이며, 사회성을 기르고, 미래에 관한 준비를 하는 공간이다. 학교는 최소한의 교육을 보장해 주는 사회안전망 중

하나라고 생각한다. 사회성을 기를 수 있게 해 주고 미성숙한 청소년 기에 또래 사이의 사회화 과정을 거칠 수 있게 해 주는 필수적인 곳이다. 인생을 살아가기에 필요한 것을 배울 수 있는 곳, 사회에 나갈 때 알아야 하는 지식, 자신이 배우고 싶고 갈고 닦고 싶은 기술, 능력들을 배울 수 있는 환경이 학교이다.

학교는 학생들에게 배움의 장으로서의 기능을 해주지 못한다. 이는 해마다 늘어가는 학교 밖 청소년의 비율로 한눈에 확인할 수 있다.

학교는 학생들에게 성장의 기회를 주지 못하고 있다. 오히려 학생들에게 미래에 대한 희망을 주기는커녕 다가올 입시와 당장의 내신만 걱정하도록 만든다.

과도한 입시 체제로 경쟁만 배워가고 서로를 비교하면서 우위를 가리는 것 자체가 학생들을 지치게 만든다. 학교는 모두가 공정하게 지식을 배우고 사회성을 기르는 장소여야 하는데 학교 내에서 힘과 영향력 있는 부모의 입김이 작용하여 불공정을 선경험하게 한다.

학교는 어른들의 입맛대로 아이들을 찍어내는 곳이 아니라 아이들이 자신을 스스로 사랑할 수 있도록 만들어 주는 기관이 되어야 한다. 입시 제도에 치중된 교육이 아니라 학생들의 꿈과 미래를 설계할 수 있는 교육 체계의 변화가 필요하다. 3년마다 교육 체계를 개정하는 행위를 그만두고 대학과 입시 없이도 홀로서기를 할 수 있는 환경이 만들어져야 한다. 성적만으로 사람을 판단한다는 것이 아니라 학생들이 자신의 꿈을 펼치며 미래를 준비하는 도약의 시간이 필요하다.

지금의 학교는 학생들이 원하는 학교가 아니라 모든 학생을 일렬

로 줄을 세우고, 삶을 위한 배움이 아닌 학교 지위를 향상하기 위한
공간이 되었다.

5. 우리가 꿈꾸는 세상

"젊은이여, 꿈을 품으시오!"(Boys, be ambitious!)
            -윌리엄 크락크 박사-
"이 세상은 꿈과 환상을 가진 사람에 의해서 만들어진다."
            -나폴레옹-

성경은 꿈이 없는 백성은 망한다고 한다. 꿈은 인류 발전을 이끌
어 오고 있는 무형의 힘이다. 공동체가 형성되면서 더 나은 사회를
만들기 위해 꿈을 꾸고 꿈을 이루기 위해 때론 피를 흘리는 투쟁도
마다하지 않았다.
    일찍이 동서를 막론하고 꿈꾸는 이상사회는 사상가들의 주요 관심
사였다. 이상사회는 사람들이 가장 바람직하다고 여기고 그렇게 이루
어지기를 바라는 사회로, 시대와 장소에 따라 다르게 나타난다.

1) 이상사회

동양의 경우 공자는 대동사회(大同社會)를 이상사회로 제시하였는
데, 이는 사람들이 자신의 역할을 충실히 수행하는 과정에서 하나로

융합되고 인(仁)이 실현되는 사회를 가리킨다. 도가 사상에서는 인위적인 것을 거부하고 무위자연 하는 삶을 추구하는 사회를 가장 이상적인 사회로 보았다. 도가 사상가 노자는 이상사회의 모습으로 소국과민(小國寡民)을 주장하였는데, 이는 큰 나라 많은 백성이 아니라 작은 나라 적은 백성이라는 의미로, 소규모의 공동체가 이상적이라고 생각하였다.

서양에서 일찍이 이상사회를 제시한 사람은 고대 그리스의 플라톤이다. 그는 오랜 교육과 엄격한 훈련을 통하여 선의 이데아에 관한 절대적 지식과 지혜를 갖춘 현명한 철학자가 다스리는 국가가 이상적이라고 하였다. 근대 사상가인 루소는 모든 국민이 자유와 평등을 누리는 직접 민주주의 사회가 바람직하다고 보았다. 이후 마르크스는 자본주의를 비판하면서 사유 재산 제도의 소멸을 주장하고 자신의 능력에 따라 일하고 필요에 따라 분배를 받는 평등한 사회를 제시하였다.

한편 무정부주의를 주장한 바쿠닌은 모든 정치적 조직, 규율, 권위, 관습 등을 거부하고 국가 권력이 발생시키는 일체의 공권력을 철폐함으로써 인간 본연의 모습을 찾을 수 있고, 이로 인해 인간은 자유, 평등, 정의와 형제애를 누릴 수 있는 사회를 형성할 수 있다는 주장을 했다.[45)]

2) 이상사회의 조건

우리 사회의 이상적인 모습은 헌법에 명시되어 있다. 대한민국은 자유민주공화국이다. 자유민주공화국의 의미는46) 우리 사회가 정치적으로 민주적 생활 형태가 이루어져야 한다는 것이다.

민주적 생활 형태가 지배하는 사회는 개인의 자유와 권리가 최대한 보장되는 사회로써, 개인의 의사를 존중하고 이에 의하여 개인의 선택에 최우선 가치를 부여하는 사회다. 이를 위해서 개인은 국가의 중요한 정책 결정 과정에 자유롭고 평등하게 접근할 수 있어야 하고, 또 국가는 국민 개인의 이러한 참여를 보장할 수 있는 제도적 장치를 마련하여야 한다.

또한 개인을 넘어서 더불어 살아가는 사회가 되어야 한다. 인간은 사회적 동물이다. 공동체 안에서 개인의 안전이 보장된다. 공동체를 유지, 발전하기 위해 법과 제도를 만든다. 질서는 공동체의 안녕을 위해 필수적인 요소이다. 법과 제도가 공정하게 지켜지면서 개인의 자유가 보장된 사회가 되어야 한다.

제도와 개인의 자유가 서로 상충할 때가 있다. 또한 집단들 간 갈등이 유발될 수 있다. 이렇게 발생할 수 있는 사회적 갈등에 대비하여 분쟁 조정 절차도 갖추어야 하고, 의사 결정 방식에서도 다수결의 원칙을 기본으로 하되, 그 한계를 극복하기 위해서 소수를 보호할 수 있는 제도적 장치가 있어야 한다. 또 주류의 의사에 대하여 비주류의 의사가 반영될 수 있는 절차 또한 필요하다. 사회적으로는 다원주의와 관용이 보장되고 국가와 사회는 개인의 자유와 평등을 중히 여기고 여성이나 소수민족 외국인에 대해서도 그들의 인권을 존중하고 보장하는 너그러운 태도가 필요하다.

경제적 측면에서는 사회 구성원들에게 그 시대의 물질문명 수준에 비추어 인간에게 필요한 최소한의 생활을 위해 물질적 기반을 마련해 주어야 한다. 예로부터 빈곤과 굶주림으로부터 백성을 구제하는 일은 군주의 가장 중요한 덕목이었다. 또 물질적 풍요를 추구하는 것도 중요하지만 그에 못지않게 여러 사람에게 골고루 나누어질 수 있는 균등한 분배 제도가 필요하다. 이를 통해 국민들의 상대적 박탈감을 해소하고 구성원들이 하나로 단결할 수 있는 장을 마련해야 한다.[47]

3) 지금의 우리 사회

보건사회연구원은 '보건복지 포럼'에 실린 '한국인의 행복과 행복 요인'이라는 보고서를 통해 다음과 같은 내용을 2018년 11월에 발표했다. 보고서에 따르면 응답자의 20.2%는 '현재 불행하며 과거와 비교해 나아지지 않았고 미래도 희망적이지 않다'라고 답했다. '과거보다 나아졌으나 현재 불행하고 미래도 희망적이지 않다'라고 답한 응답자도 2.4%였다. 보고서는 응답자의 22.6%인 이들을 '행복 취약층'으로 분류했다. 이 중엔 60대 이상 고령층과 40·50대 남성이 많았다. 또 가구 소득과 교육 수준이 낮을수록 행복 취약층에 포함될 가능성도 더 높았다.

다른 나라와 비교해도 우리 국민은 '행복'과 거리가 멀었다. 경제 수준만큼 행복도가 높지 않다. 유엔이 매년 발표하는 '세계행복보고서'에 따르면 우리나라의 행복지수는 5.875를 기록, 조사 대상 157개

국 중에 57위였다. 경제협력개발기구(OECD) 34개 회원국 중에는 32
위로 거의 꼴찌다. 행복지수는 국가별 응답자들이 0~10점 만점으로
매긴 '행복 체감도'이다. 우리나라가 2017년 국내총생산(GDP) 기준
세계 12위라는 걸 고려하면 '행복 수준'은 경제 수준에 한참 뒤처진다.

응답자들은 또 우리 사회가 '패자부활'이 쉽지 않다고 생각했다.
경제적 실패·질병에 대한 위기감이 컸다. '우리 사회에서는 사업실패
나 파산 등의 상황을 맞이하면 웬만하면 회복할 수 없다'라고 답한
응답자가 전체의 55.9%였다. 또 '본인이나 가족이 심한 중병에 걸리
면 가정 경제가 무너지기 십상이다'라고 생각한 응답자는 67.3%나
됐다. 패자를 일으켜 줄 사회 시스템에 대한 불안과 불신이 강하게
깔려 있었다. 또 '첫 직장에 들어갈 때 소위 일류회사에 못 들어가면
평생 꼬인다'라고 답한 응답자도 35.7%였다.

국민은 지금보다 못 살 거란 불안도 컸다. 보고서에서 '우리 사회
를 평가해 볼 때 자칫 하층으로 떨어질 가능성이 얼마나 있는지'를
물어보니 응답자의 56.8%가 '그럴 가능성이 약간 있다'라고 응답했
다. '가능성이 너무 크다'라고 응답한 비율도 15.1%나 됐다. 응답자의
71.9%가 하층으로 추락할 가능성이 있다'라고 생각했다. 응답자 10명
중 7명은 현재 삶의 수준을 유지하는 게 쉽지 않다고 본 셈이다.

4) 학생들이 생각하는 이상사회

이상적인 사회는 모두가 평화롭게 공존하는 사회, 남녀노소 할 것

없이 개인의 선택을 존중하고 모두 건강한 정신으로 살아가는 사회, 서로 배려하며 존중하는 인정 많은 사회, 사람들 마음에 양심이 살아 있어 최소한의 선을 넘지 않는 사회, 서로 다양한 사람과 공존하며 화목하게 사는 사회이다.

이런 사회가 되기 위해 정부는 환경 문제에 개입해서 대대적으로 환경 보호를 실천하고, 재생에너지로 대체해야 하며, 부패한 정치인들과 사회 인사들을 가려내야 하며, 세금이 저소득층의 복지에 적극적으로 돌아갈 수 있도록 하고, 풍부한 젠더감수성과 안심할 수 있는 치안을 마련해야만 한다. 국민 통합, 체제의 건전성, 재정의 건전성, 민주주의 등 많은 것이 있겠지만 아직 사회 경험을 해 보지 못해 답이 부족하다.

이상사회 구성원인 국민은 양심을 가지고 살아야 한다. 길거리에 침 뱉지 말고, 사람 때리지 말고, 종업원한테는 예의를 지켜서 대하고, 잘못한 일이 있으면 사과하고, 남을 나와 같은 인격으로 생각하며 존중하고, 서로 다름을 인정하며 받아들이고, 담배꽁초 아무 곳에나 버리지 말고, 노약자분들께 자리를 양보해드리고, 약한 사람 괴롭히는 것을 즐거움으로 삼지 말고, 나 스스로 생각하며 행동하고, 상대방을 함부로 깔보지 않는 등 기본적인 것들을 지켜야 한다.

사회적으로 세대 차이, 지역 불균형, 빈부 격차, 남녀 차별, 장애인 차별, 다문화, 역사 인식, 통일 문제 등 사회적 합의를 해야 한다. 완벽한 사회는 인간으로서 이룰 수 없더라도 최선을 다해 노력한다면 최대한 이상적인 사회를 향해 나아갈 수 있으리라 생각한다.

5) 이상사회를 지향하는 퍼실리테이션

우리 사회는 이상사회를 향해 나아가지만 지금도 진보, 보수의 대립, 소득 격차로 인한 교육 및 주거의 차별, 성 불평등, 지역 간의 개발 격차, 이익 집단 간의 대립 등 여러 이슈의 대립 사회는 몸살을 앓고 있다.

소통과 협력 그리고 대화

이러한 갈등을 극복하고 이상적인 사회로 나아가는 데 필요한 것이 소통과 협력이다. 소통과 협력이 일어나기 위해서는 대화가 전제되어야 한다. 대화란 무엇인가? 20세기 물리학자 데이비드 봄은 대화란 '사람들 사이에 흐르는 의미의 강'과 같은 것이며, 따라서 옳고 그름을 다투는 논쟁과는 구별해야 한다고 했다. 다른 식으로 표현하자면 대화란 '너와 내가 각자 의미의 시냇물이라고 한다면 너의 의미와 나의 의미가 만나 더 큰 의미의 강을 만드는 것'이라고 할 수 있다.[48]

소통과 대화를 위한 퍼실리테이션

성공적인 대화를 위해서는 다섯 가지 요소가 전제되어야 한다. ① 사람들의 적극적 참여 ② 정보-느낌-견해의 소통 ③ 상대의 입장이 되어 보는 공감(역지사지) ④ 공동의 의미 발견 ⑤ 행동 방향에 대한 합의가 그것이다. 이상적으로는 다섯째 합의까지 도달하는 것이 바람직하지만, 실제로 그런 경우는 많지 않다. 그러나 중요한 점은 '행동 방향에 대한 합의에 도달하지 못했다고 해도, 대화를 통해서 공개적으로 관찰된 사고(思考)와 그렇지 않은 사고는 이후에 다르게 행동한다는 것'이다. '⑤'까지는 가지 못했어도 '③'이나 '④'에 도달했다면, "좋습니다. 당신은 당신의 길을 가세요. 우리 서로 다른 길을 가지만 서로의 입장을 이해는 합시다!"라고 말하며 헤어질 수 있다는 것이다.49)

이러한 대화를 할 수 있는 툴을 퍼실리테이션은 제공하고 있다. 소통과 협력은 퍼실리테이션이 추구하는 정신이다. 사회 구성원들이 자유를 가지고 자발적으로 참여하고, 자신 생각을 자유롭게 발표하게 하고, 함께 숙의 과정을 거쳐 합의를 이루어 나아가도록 퍼실리테이션은 돕는다. 대표적인 퍼실리테이션 도구 중 하나는 창의대화이다.

그러므로 이상사회 실현을 위한 이 시대의 필요한 한 방법이 퍼실리테이션이다.

6. 우리가 꿈꾸는 가정

가족은 인간이 처음으로 대하는 공동체이며, 사회의 가장 작은 단위이다. 가정이 확대되어 마을을, 마을이 확산하여 사회와 국가를 이룬다. 가정이 행복하지 못하면 사회가 행복하지 못하다. 공동체 행복의 시작은 가정이다. 가정을 작은 천국이라 부르는 이유이기도 하다.

1) 행복한 가정

인간발달연구원의 청소년과 부모가 지각한 행복과 행복의 조건 및 불행에 대한 토착 심리연구 조사에 의하면, 연구 대상자는 총 2,955명이었으며, 청소년 985명(초 269, 중 270, 고 211, 대 235), 부모 1,970명(부 985, 모 985)이었다.

분석 결과는 다음과 같다.

첫째, 전반적으로 가장 행복한 때는 청소년과 부모 모두 가정이 화목할 때였다. 둘째, 청소년과 부모 모두, 행복하기 위해 해야 할 일로 자기조절을 가장 많이 지적하였다. 셋째, 청소년과 부모 모두, 행복하기 위한 조건으로 가정의 화목을 가장 중요하게 지적하였다. 넷째, 전반적으로 가장 불행한 때는 청소년과 부모 모두 가정이 불화할 때였다.

이러한 결과를 종합해 볼 때, 한국인의 행복을 결정하는 가장 핵심 요소는 화목한 가정이었다.[50]

2019년 한국보건사회연구원에서 '한국인의 행복과 삶의 질에 관한 종합 연구'에 성인 개개인의 행복의 조건은 1위가 좋은 배우자와 행복한 가정을 이루는 것(31%), 돈과 명예를 얻는 것(12.7%), 소질과 적성에 맞는 일을 하는 것(10.4%), 여가 생활을 즐기는 것(7.6%) 순으로 나왔다.

결국 청소년뿐만 아니라 성인들 또한 행복한 삶의 첫 번째는 가정의 화목이 곧 행복한 삶의 근본임을 알 수가 있다.

2) 행복한 가정의 조건

가정의 행복 조건에 대해 많은 사람들이 다양한 주장을 한다. 그 가운데 미국의 가족 전문가인 스콧 할츠만 박사는 24년간의 임상경험과 연구를 통해 찾아낸 결과물인 '행복한 가족의 8가지 조건'이라는 책51)을 출간하였다.

행복한 가족으로 가는 핵심 8가지는 저자가 정신과 상담의로 활동하면서 행복을 느끼는 사람들이 그렇지 않은 사람들보다 육체적·정신적으로 더 건강하고, 고난이나 슬픔을 훨씬 더 슬기롭게 극복하고, 가족 각자의 꿈을 더 잘 이룬다는 것을 발견하고, 그 비결을 8가지로 요약한다.

행복한 가족의 조건
1. 가족 가치관으로 행복한 가족은 한 방향을 바라봄.
2. 헌신과 소통.
3. 아낌없는 지원과 지지.
4. 자녀교육으로 자녀와 함께 성장하기.
5. 융화로 가족과 가족이 만나 또 하나의 가족이 됨.
6. 갈등 해결로 함께 갈등을 넘어서면 더 단단해짐.
7. 회복으로 다시 뭉치고, 다시 일어나기.
8. 휴식으로 기운을 북돋는 시간을 가짐.

3) 행복한 가정을 위하여

앞에서 스콧 할츠만 박사가 말한 8가지의 행복의 조건을 어떻게 실현하는지가 중요하다. 우리는 정보 홍수의 시대에 살고 있다. 누구나 전문 정보의 접근이 쉬운 시대에 수집한 정보를 어떻게 적극적으로 행동으로 옮기느냐가 중요하다. 빅데이터 시대를 맞이하여 하버드 경영대학 교수진은 기회를 놓치는 사람들, 실패하는 사람들, 이런 상황이 반복되는 원인을 '정보처리 능력의 부재'로 보았다.

정보를 습득하는 기술은 알고 있으나, 정보를 처리하는 능력을 배우 못했기 때문이라고 말한다.

통계청의 혼인 및 이혼 통계를 보면 혼인율은 2018년 25만 7천 6백 건, 2019년 23만 9천2백 건이며, 이혼율은 2018년 10만 8천 7백 건, 2019년 11만 8백 건이다. 대략 혼인의 절반은 이혼하고 있으며, 혼인율은 낮아지고 이혼율은 높아지고 있다.

학생들이 생각하는 행복한 가정

자유롭고, 서로서로 위하는 마음을 가지고, 사랑하고, 배려하고, 존중하며, 열린 대화를 통한 화목한 가정이 이상적인 가정이라고 생각한다. 그러려면 풍족하지는 않아도 기본적인 생활에는 지장이 없고, 부족하지는 않을 돈이 필요하며, 가족 간이더라도 충분한 거리 유지, 개인의 선택과 사생활 존중, 가부장제 및 과거의 모습이나 태도에서 벗어나려고 노력해야 할 것이다.

행복한 가정을 위한 퍼실리테이션

행복한 가정에 대한 정보는 해가 갈수록 많아지고 있지만 행복하지 않은 가정은 늘어나고 있다. 이는 정보를 실행하는 능력의 부재인데 이를 극복하고 행복한 가정을 만들기 위한 기술이 퍼실리테이션이다. 구슬이 서 말이라도 꿰어야 보배가 되듯이 퍼실리테이션은 행복의 조건을 꿰매는 역할을 한다.

스콧 할츠만 박사의 8가지 행복의 조건은 크게 소통, 공감적 합의, 그리고 실행으로 구분할 수 있다. 퍼실리테이션은 소통을 가능케 하는 방법인 공감대화가 있으며, 공감적 합의를 할 수 있는 창의대화의 기술이 있다. 나아가 합의를 바탕으로 구체적으로 실천할 수 있도록 하는 실행계획이 있다. 퍼실리테이션 기술의 활용은 곧 가정의 화목을 만들어 가는 길이다.

Part 3

청소년 퍼실리테이션 활용

청소년들은 매일같이 가정에서, 학교에서, 친구들과 더불어 다양한 주제를 대하며 살아가고 있다. Part 3에서는 오늘날 많이 강조되는 공감대화, 더불어 살아가기 위한 창의대화, 짧은 시간에 자신을 성장시킬 수 있는 이미지 바꾸기, 계획한 것을 실천할 수 있는 실행계획 세우기, 간단하고도 유용한 셀프 퍼실리테이션 코칭, 갈등 관리 등에 대해 풍부한 사례들을 중심으로 소개한다.

1. 공감대화

현대사회의 삶은 풍요롭다. 하지만 개개인은 고립감과 소외감으로 어려움을 겪는다. 사람들은 사회가 요구하는 목표 중심적인 과정에서 성공을 위한 무한 경쟁에 내몰리고 있다. AI 시대에 지식은 넘쳐나지만, 친구들과의 생각과 감정은 연결되지 못하고 있다. 사회 초년생들은 사회에 적응하지 못하고 사람들과 어울리는 데 어려움을 가지고 있다. 이들에게 공감대화는 서로가 친밀한 관계를 맺으며 자신과 다른 사람을 성장시키고 서로의 마음을 이어 주며 도움을 준다. 또한, 공감대화를 하는 사람은 아름다운 세상을 만드는 인재가 될 수 있다.

공감대화의 프로세스 속에는 공감의 요소, 공감의 기능, 공감의 태도가 녹아 있다. 또한 효과적인 의사소통 방법이 사용된다. 공감과 소통을 전제로 서로 이해하고, 깊은 성찰을 통해 공통의 의미와 합의를 이룬다.

1) 공감대화 4단계 과정

1단계: 사실 단계

괴테의 말처럼 첫 단추를 잘못 끼면 나중에 단추를 끼지 못하는 것처럼 대화의 첫 출발은 사실의 공유에서 시작되어야 한다. 최근 사실 확인이 되지 않은 가짜 뉴스의 범람으로 사회 갈등이 심화하고 대화가 되지 않아 사회적 합의를 이루지 못하는 것을 보고 있다.

관찰을 통한 사실 확인은 충고, 조언, 판단, 평가가 들어가지 않은 우리가 보고 들은 그대로의 객관적인 사실을 살피는 것이다. 현상학에서 말하는 '판단의 중지'가 일어나야 하는 단계이다. 개인의 선입견, 이념, 신념, 전통, 감정 등 내면의 평가와 판단을 멈추고 있는 그대로를 살피는 것이다. 객관적인 정보를 공유해야 만이 서로에 대한 신뢰가 쌓인다. 첫 관찰에서 평가나, 판단이 들어가면 첫 단추를 잘못 끼우는 것이 되어 그다음 이어지는 대화의 과정이 원활하게 이루어지지 못한다. 말을 할 때 관찰과 평가를 섞으면 듣는 사람은 이를 비난으로 여기며 거부감을 느낀다.

사실 확인에서 출발하지 않는 대화는 자기의 주장을 일방적으로 전달하고 강요를 한다. 많은 사람이 이런 대화를 하고 있다.

대화의 출발에서도 정보에 대해 공평해야 신뢰를 가지고 의미 있는 대화를 할 수 있다. 대화의 출발이 동일 선상에서 이루어지도록 하기 위해 사실 확인을 먼저 해야 한다. 있는 그대로, 사실 그 자체를 보기 위해서 인간의 오감을 사용한다. 판단이 배제 된 청각, 시각, 후각, 미각, 촉각을 통해 인지한 것을 이야기 한다.

2단계: 반응 단계

개인적 반응으로 연상되거나 느끼는 감정을 표현하는 단계이다. 개인이 내부나 외부의 자극을 통하여 느끼는 신체감각과 감정을 표현하는 단계이다. 신체감각이란 외부 세계를 느끼는 시각과 청각 같은 외부 감각을 말하는 것이 아니라 몸의 열감, 심장 박동, 호흡, 어지러움, 통증, 근육의 경직감 등 몸이 느끼는 내부 감각을 말한다.

우리 마음은 몸과 연결되어 있다. 감정도 마찬가지다. 우리는 감각이 있기 때문에 감정을 느낄 수 있다. 신체감각을 동반하지 않는 감정은 감정이 아니라, 생각이다. 화가 났는데 신체적으로 아무 느낌이 없다면 화를 내야겠다고 '생각'한 것이다. 바늘 가는 곳에 실 가듯 감정이 일어날 때에는 감각이 느껴진다. 그러므로 몸의 감각이란 자아의 더듬이와 같으며, 자기를 이해하는 가장 기본 통로이다.

반응을 살피기 위해 느낌, 기분, 정서, 기억, 연상, 이미지 등을 찾아갈 수 있는 질문을 한다. 반응의 단계에서 서로 상대에 대한 정서적 반응을 공감하여 지지와 인정, 위로를 받게 된다.

3단계: 이해 단계

이 단계는 의미와 가치, 중요성, 의도, 합의에 집중하는 단계이며, 의미와 의도의 차원을 집중 파악한다. 예를 들어 이 주제에 사람들이 부여하는 중요성이 무엇인가를 파악하는 것이다. 성찰을 통해 사고가 확장되고 새로운 것을 볼 수 있는 시야가 열리며 집단에 지혜의 힘을 경험하게 된다.

4단계: 결심 단계

이 단계는 의사 결정에 관한 질문을 하는 단계로써 앞으로 해야 할 행동과 미래의 방향 그리고 다음 상황에 대한 사람들의 관계나 반응을 결정하는 단계이다. 집단의 결심으로 끝나는 게 아니라 행동으로 나아가게 한다. 이제는 정보화시대를 넘어서 빅데이터 시대이다. 20년 전만 해도 정보를 선점하는 사람이 성공했다면 이제는 실행 능력이 있는 집단이나 사람이 성공한다.

정보의 부족이 아니라 실행력이 얼마나 있느냐가 더 중요한 시대로 접어들었다.

2) 공감대화 구조 살펴보기

시작하기

- 주제: 대화의 주제를 명확하게 설명하고 참여자들이 볼 수 있게 적는다. 원활한 대화를 이끌어 가기에 필요한 자료가 있으면 공유하도록 한다. 정보 획득의 차별을 방지한다.
- 참여 지침: Ground Rule을 정하며, 퍼실리테이션의 전제를 제시한다. 퍼실리테이터의 역할을 명확히 설명한다.
- 소요 시간: 소요 시간을 제시한다.

목표 KSA

- 지식(Knowledge): 참가자들이 대화를 마칠 때 새로운 것을 배우고, 깨달음을 얻고 결심해야 할 것, 즉 대화의 산출물을 알게 된다.
- 기술(Skill): 참가자들이 대화를 마칠 때 공감과 성찰의 방법을 배우며, 문제 해결의 방법을 알게 된다.
- 태도(Attitude): 대화를 통해 역지사지의 마음으로 공감을 하며, 타인과 자신을 이해하며 자기 표현력을 높이고 자존감을 느끼게 된다.

1단계: - 사실 단계

사태 그 자체를 기술: 주제에 관한 편견과 선입견을 제거하고 객관적 자료와 사실에 주의 집중하고, 오감각을 활용한 질문을 한다.

- 당신이 관찰한 것은 어떤 것들인가?
- 당신의 관심을 끈 단어나 문구는 무엇인가?
- 당신이 본 것은 무엇인가?
- 그곳에 누가 있었는가?
- 사람들은 뭐라고 말했는가?
- 그곳에는 얼마나 많은 사람이 있었는가?
- 그곳에는 어떤 색깔이 있었는가?
- 기억나는 장면은 무엇인가?
- 기억나는 사건은 무엇인가?
- 그 사건에 대해 명료하게 이해하기 위해 알고 싶은 것이 있다면 어떤 것인가?
- 우리가 알아야 할 다른 사항들은 무엇인가?

2단계: 반응 단계

사실 그 자체에 관한 즉각적 반응, 연상에 대한 질문을 한다.

- 당신의 즉각적인 반응은 무엇인가?
- 당신이 염려하는 것은 무엇인가?
- 무엇이 연상되는가?
- 무엇이 당신을 기쁘게 하는가?
- 무엇이 당신을 신나게 하는가?
- 무엇이 당신을 실망하게 하는가?
- 집단 전체의 반응은 어떠한가?
- 어떤 이미지가 떠오르는가?

- 이와 비슷한 경험을 가진 적이 있는가?

3단계: 이해 단계

의미 부여, 새롭게 보거나 알게 된 것을 조명하는 질문을 한다.

- 이 사건이 우리에게 부여하는 의미와 가치는 무엇인가?
- 이것을 통해 우리가 얻을 수 있는 통찰은 무엇인가?
- 왜 이것이 당신에게 중요한가?
- 이 주제를 다른 관점으로 볼 수 있는가? 그 사건에 대해 완전히 다른 관점을 가지고 있는 사람은 누구인가?
- 왜 그런 생각을 하게 되었는가?
- 우리가 생각해 낼 수 있는 대안이 있다면 무엇인가?
- 우리는 무엇을 배웠는가?
- 왜 그 사건이 일어났는가?
- 그때 가장 중요했던 사건은 무엇인가?
- 이것을 다른 것과 연결 지어 생각한다면?
- 여기서 찾아볼 수 있는 패턴은 무엇인가?
- 이것의 근본 원인은 무엇인가?
- 우리가 이것을 하지 않으면 어떤 일이 일어나는가?
- 새롭게 깨닫게 된 것은 무엇인가?

4단계: 결심 단계

대화를 통해 얻은 깨달음과 결심에 대한 질문을 한다.

- 이제 우리는 어떻게 다르게 살아야 하는가?
- 우리의 결정은 무엇인가?
- 다음 단계의 행동은 무엇인가?
- 여기에 없었던 다른 사람에게 이것에 대해 말한다면 무엇이라고 이야기할 것인가?
- 누가 그것을 할 것인가?

마무리

전체 과정을 확인하고 결정 사항을 읽도록 하거나 읽어 준다. 공감대화 절차로 5분 이내로 오늘의 퍼실리테이션을 피드백하며 정리한다.

3) 공감대화 활용

공감대화는 문제 해결 및 예방, 의미 있는 대화, 자기 성찰, 관계 개선, 학습정리 등에 사용할 수 있다.

주제 1 : 어떻게 부모님(선생님, 친구)과 더 친밀한 관계를 유지할 수 있을까?

인간의 행복은 85%가 인간관계에서 온다고 한다. 스마트폰으로 인해 인간관계를 소홀히 하는 경향이 있다. 공감대화는 인간관계의 중요성을 일깨워 주고 좋은 인간관계를 맺을 수 있는 방법으로 활용할 수 있다. 개인, 그룹으로 활용할 수 있다.

사실 단계

사실 그 자체를 기술: 주제에 관한 편견과 선입견을 제거하고 객관적 자료와 사실에 주의를 집중한다.

- 최근 부모님(선생님, 친구)과 어떤 일이 있었는가?
- 주고받은 대화 내용은 무엇인가?
- 그 일에 어떤 사람들이 관련되어 있는가?
- 이런 일들이 이전에도 있었는가?
- 부모님(선생님, 친구)은 평소에 나에게 어떤 말을 많이 하는가?
- 부모님(선생님, 친구)과의 평소의 대화 주제는 무엇인가?
- 부모님(선생님, 친구)의 특별한 행동(습관)은 어떤 것들이 있는가?

반응 단계

사실 그 자체(Fact)에 관한 즉각적 반응, 연상에 대한 질문을 한다.

- 부모님(선생님, 친구)과 그런 일들이 생겼을 때 어떤 기분이 들었는가?
- 그런 일들이 생겼을 때 부모님(선생님, 친구)은 어떤 반응(감정)을 보였는가?
- 기쁘게 하는 것이 있다면 무엇이 기쁘게 하는가?
- 우울하게 하는 것이 있다면 어떤 것이 우울하게 하는가?
- 이런 일을 생각하면 연상되는 일(사건)이 있는가?
- 이런 일을 생각하면 어떤 이미지가 떠오르는가?

이해 단계

관찰, 반응 단계를 통해 의미, 가치, 중요성을 조명하는 질문을 한다.

- 왜 이런 일이 일어났다고 생각하는가?
- 부모님(선생님, 친구)은 이 일을 어떻게 생각하는가?
- 부모님(선생님, 친구)은 왜 내게 그렇게 했을까?
  그렇게 한 의도(욕구)는 무엇일까?
- 내가 그 일에 그렇게 반응한 이유는 무엇일까?
  나의 욕구는 무엇인가?
- 이 일들이 나와 부모님(선생님, 친구)에게 주는 의미는 무엇일까?
- 이 일의 결과는 어떻게 되었는가?
- 다음에 이런 일이 일어난다면 어떻게 하는 것이 최고의 방법일까?
- 더 친밀한 관계를 위해 필요한 것은 무엇일까?

결심 단계

사실, 관찰, 반응, 이해 단계를 통한 결심과 행동에 대해 질문을 한다.

- 공감대화를 하면서 나의 결심은 무엇인가?
- 부모님(선생님, 친구)과 친밀한 관계를 위해 무엇을 실천해야 하는가?

주제 2: 우울하게 등교한 철수-부모와의 갈등(샘플)

늦잠을 자느라 엄마에게 잔소리 듣고 기분이 우울한 가운데 등교

한 철수가 자신과의 간단한 공감대화를 통해 기분을 새롭게 하고, 학교생활을 즐겁게 하는 내용이다.

자기 성찰, 부모와의 갈등 해결, 간단한 상담으로 활용하기에 유용하다.

사실 단계

- 아침부터 잔소리 들었다.
- 엄마가 화를 냈다.
- 엄마는 더 크게 소리를 질렀다.
- 현관문을 발로 차고 나왔다.

반응 단계

- 기분이 우울하다.
- 엄마의 얼굴은 불독 같았다.
- 엄마의 눈에 나의 얼굴은 진돗개 같았을 것이다.

이해 단계

- 엄마가 화를 낸 것은 내가 늦잠을 잔 것 때문이었다.
- 엄마를 화나게 해서 죄송한 마음이 든다.
- 나를 너무나 사랑하시는데…….

결심 단계

- 오늘 집에 가서 엄마에게 사과해야겠다.
- 내일은 일찍 일어나야지.

주제 3 : 일기 쓰기

공감대화 과정을 따라 글을 쓰면 살아 있는 글이 된다. 공감대화는 글쓰기, 일기 쓰기를 어려워하는 학생들을 위한 좋은 도구이다. 글쓰기와 자신의 성찰을 위한 일기 쓰기에 공감대화를 적용했다.

사실 단계

사실 그 자체를 기술: 주제에 관한 편견과 선입견을 제거하고 객관적 자료와 사실에 주의 집중을 한다.

- 오늘 한 일은 무엇이었나?
- 오늘 하루 가장 인상 깊었던 것은 무엇인가?
- 오늘 만난 사람들은 누구인가?
- 사람들과의 대화 내용은 무엇이었나?
- 특별히 기억에 남는 말은 무엇인가?
- 평소와 다른 특별한 일은 무엇인가?

반응 단계

사실 그 자체(Fact)에 관한 즉각적 반응, 연상에 대해 질문을 한다.

- 오늘 하루를 되돌아 볼 때 어떤 기분이 드는가?
- 기쁘게 하는 것이 있다면 무엇이 기쁘게 하는가?
- 우울하게 하는 것이 있다면 어떤 것이 우울하게 하는가?
- 오늘 하루 되돌아 볼 때 연상되는 일(사건)이 있는가?

• 오늘 하루를 되돌아보면 어떤 이미지가 떠오르는가?

이해 단계

관찰, 반응 단계를 통해 의미, 가치, 중요성을 조명하는 질문을 한다.

• 오늘 하루 있었던 일들 가운데 중요한 일은 무엇인가?
• 그 일이 왜 중요하다고 생각하는가?
• 하루 일과 중 후회스러운 일이 있는가?
• 왜 후회스러운가?
• 새롭게 감사한 일은 무엇인가?
• 오늘 하루는 내 인생에 어떤 의미일까?
• 나에게 칭찬/격려 메시지를 준다면 어떤 메시지를 줄 수 있을까?

결심 단계

관찰, 반응, 이해 단계를 통해 결심과 행동에 대해 질문을 한다.

• 나의 결심은 무엇인가?
• 행복한 내일을 위해 실천해야 할 것은 무엇인가?

주제 4: 일기 쓰기 샘플(고2 학생 휴일을 지내면서)

한국청소년퍼실리테이터협회 소속의 주니어 퍼실리테이터가 공감 대화 과정을 따라 일기를 쓴 내용이다.

사실 단계

휴일 오전에 수능특강, 영어 독해, 학원 숙제를 했다. 카톡으로 친구들과 증명사진에 대해 이런 저런 대화를 했다. 오후에는 아빠를 졸라 한강으로 가족들과 함께 자전거를 타러 가자고 했다. 한강 자전거 타기는 내 인생에서 처음 있는 일이었다.

반응 단계

한강에서 자전거 탈 때는 긴장이 되고 떨렸다. 자전거로 달리다 보니 긴장감은 사라지고 시원하고 즐거웠다. 저녁에 집에 돌아왔을 때는 힘들었다. 긴장하고 떨린 이유를 가만히 살펴보니 작년 5월 등굣길에서의 자전거 사고로 인한 트라우마였다. 사고 이후 자전거를 쳐다보지도 않았는데 오늘 트라우마를 극복한 것을 생각하니 뿌듯했다.

이해 단계

오늘 자전거를 가족끼리 탈 수 있어서 좋은 추억을 만든 것 같다. 특히 트라우마를 극복할 수 있었던 것이 가족의 힘인 것 같다. 혼자서는 생각도 못했는데 가족이 함께함으로 용기를 얻었다. 많은 사람이 함께 타는 한강 변에서는 작은 부주의도 자칫 사고로 이어질 수 있다. 자전거 에티켓을 배워야 할 것 같다.

결심 단계

자전거 안전교육을 인터넷에서 찾아 봐야겠다. 가족끼리 다 같이 나갈 수 있는 행사나 나들이 장소를 검색해 봐야겠다.

주제 5: 코로나 시대 퇴근 후 집에 들어와도 아는 척하지 않고 종일 게임과 유튜브에 몰두하는 중3 아들을 둔 엄마(질문 샘플)

엄마가 퇴근하고 돌아왔는데, 아들이 게임 삼매경에 빠져 엄마가 온 줄도 모르고 있다. 아들의 지나친 게임에 화가 났으나, 게임 중에 화를 내면 사이만 더 나빠진 경험이 많아, 저녁 식사 후 자녀와 공감 대화를 통해 자녀의 이야기를 충분히 들어주고, 공감해 주며, 긍정적 반응으로 대화를 이어갔다.

사실 단계

사실 그 자체를 기술: 주제에 관한 편견과 선입견을 제거하고 객관적 자료와 사실에 주의 집중을 한다.

- 아들(딸), 오늘 하루 어떻게 보냈어?
- 어떤 게임을 했니?
- 게임의 결과는 어떻게 됐어?
- 게임에 참여한 사람들은 누구야?
- 게임을 한 시간은 얼마야?
- 게임 외 무엇을 하며 시간을 보냈어?
- 유튜브 중 기억이 나는 것은 어떤 거야?
- 유튜브 내용(주제)은 뭐였어?
- 주로 보는 유튜브 채널은 어떤 거니?
- 수업 동영상은 어떻게 했어?

반응 단계

사실 그 자체(Fact)에 관한 즉각적 반응, 연상에 대해 질문을 한다.

- 게임을 할 때 기분은 어떠했어?
- 게임을 하면서 재미있을 때는 언제야?
- 게임을 하면서 짜증이 날 때는 언제야?
- 유튜브 볼 때 기분은 어떠했니?
- 하루를 이렇게 보내니, 기분은 어때?
- 오늘 나의 일상을 그림으로 표현한다면 어떻게 표현할 수 있을까?
- 나의 하루를 보면 어떤 것이 연상될까?

이해 단계

사실, 반응, 이해 단계를 통해 의미, 가치, 중요성을 조명하는 질문을 한다.

- 게임을 하는 이유는 뭘까?
- 유튜브를 하는 이유는 뭘까?
- 게임(유튜브) 외에 재미있는 것은 무엇이 있을까?
- 유튜브에 대해 어떻게 생각하니?
- 지금처럼 게임과 유튜브에 몰두하면 내 미래는 어떻게 될까?
- 수업 동영상을 지금처럼 보게 되면 어떤 결과가 나올까?
- 아들(딸)에게 있어서 중요한 것은 무엇일까?
- 게임, 유튜브를 줄이려면 어떻게 하면 될까?
- 엄마, 아빠가 도와줄 일은 없니?

결심 단계

사실, 반응, 이해 단계를 통해 결심과 행동에 대해 질문을 한다.

- 아들(딸)의 결심을 듣고 싶은데? (창의대화 주제)
- 먼저 실천할 수 있는 것은 어떤 것일까?

마무리

아들(딸) 너를 사랑해. 힘들겠지만 아들(딸)은 잘 해낼 거야. 엄마 아빠가 늘 응원해~~~

주제 6: 책(영화, 음악, 미술)을 읽고 나서

문화 활동이나 취미생활을 재미있다는 것만으로 끝내버리는 경향이 있다. 그런데 이런 활동 후의 간단한 공감대화는 지혜롭고 성숙한 사람으로 나아가도록 돕는다. 공감대화는 감상문이나 에세이를 쓰기에도 대단히 유용한 도구이다. 개인 및 그룹으로 활용할 수 있다.

사실 단계

사실 그 자체를 기술: 주제에 관한 편견과 선입견을 제거하고 객관적 자료와 사실에 주의 집중을 한다.

- 책의 저자는 누구인가?
- 책의 등장인물들은 누구인가?

- 책의 내용은 무엇인가?
- 특별히 기억에 남는 문구나 장면은 무엇인가?

반응 단계
사실 그 자체(Fact)에 관한 즉각적 반응, 연상에 대해 질문을 한다.

- 책을 읽을 때 어떤 기분이 들었는가?
- 재미있게 하는 것이 있었다면 그것은 무엇인가?
- 지루함을 느끼게 한 것은 무엇인가?
- 책을 읽으면서 연상되는 일은 무엇인가?
- 이 책은 어떤 이미지를 떠오르게 하는가?

이해 단계
사실, 반응 단계를 통해 의미, 가치, 중요성을 조명하는 질문을 한다.

- 저자의 의도는 무엇인가?
- 내게 주는 교훈은 무엇인가?
- 책의 아쉬움은 무엇인가?
- 내가 저자라면 아쉬운 부분을 어떻게 쓸 수 있을까?
- 책의 내용과 다른 관점은 무엇인가?
- 다른 사람에게 어떤 이유로 이 책을 추천할 수 있을까?
- 책을 한 줄로 표현한다면 어떻게 표현할 수 있을까?

결심 단계
관찰, 반응, 이해 단계를 통해 결심과 행동에 대한 질문을 한다.

- 책을 읽고 난 후 나의 결심은 무엇인가?
- 책의 내용을 내 삶에 적용한다면 어떻게 적용할 것인가?

주제 7: 영화 '담보'를 보고 나서 (샘플)

극장에서 영화를 관람한 후 저녁에 가족들과 나눈 공감대화를 1인 관점에서 서술했다. 개인이나 그룹으로 활용하면 더 유익하다. 그룹 대화를 하면 다양한 관점을 통해 작품을 넓고 깊이 이해하고, 집단지성의 아름다움을 체험할 수 있다.

사실 단계

- 등장인물-박두석, 종배, 담보, 할머니, 엄마, 사채업자.
- 장소-인천 차이나타운, 부산, 중국.
- 기억나는 장면-엄마가 경찰에게 잡힌 장면, 승이(담보)가 성장하는 장면.

반응 단계

- 뻔하다고 할 수 있지만, 감동적이었고 슬펐다.
- 사채업자가 등장했을 때 사채 광고가 생각났다.
- 피로 이어진 가정이 아니었어도 화목한 모습이었다.

이해 단계

- 가족은 멀리 떨어져 있어도 잊지 않는다.
- 사랑은 위대하다. 사람을 사고파는 돈이 무섭다.
- 나도 이런 사랑을 베풀고 싶다.

결심 단계
- 동생들에게 욕을 덜 하자.
- 주변에 관심을 갖고 도와주며 살자.
- 끈끈한 사랑을 배우자.

주제 8: 명화 '안개 바다 위의 방랑자' 감상(샘플)

프리드리히의 '안개 바다 위의 방랑자'를 함께 감상한 5명의 학생을 대상으로 공감대화한 것을 요약 정리한 것이다.

사실 단계
사람, 방랑자, 안개, 구름, 산 정상, 그림자, 막대기, 수도원, 바위, 하늘.

반응 단계
- 탁트인 기분.
- 뻥뚫림.
- 외로움.
- 고독감.
- 셜록홈즈.
- 슬픈.
- 신비, 적막함.
- 알프스산맥.
- 나폴레옹.
- 인간의 종교성.

이해 단계

- 인생은 고독하다.
- 인생은 산을 오르는 것과 같다.
- 세상을 넓게 보라. 자유롭다.
- 어떤 일이든지 정상에 서라.

결심 단계

- 힘든 일이라도 이겨내자.
- 꿈을 향해 계속 직진해야겠다.

주제 9: 수업을 마치고 정리

학교 수업을 마친 후에 그룹별 공감대화로 2-3분 정도 수업을 정리하도록 하면 수업이 살아 있는 삶이 된다. 교과목을 단순 암기나 지식이 아니라 생활에 적용함으로 학습에 대한 흥미와 실력을 높이는 최적의 도구가 될 수 있다. 수업 마무리 및 교사, 그룹, 개인이 사용하면 좋다.

사실 단계

사실 그 자체를 기술: 주제에 관한 편견과 선입견을 제거하고 객관적 자료와 사실에 주의 집중을 한다.

- 수업 내용은 무엇인가?(전체 내용 정리)
- 중요한 내용은 무엇인가?(내용 중 형광펜으로 표시)
- 선생님이 강조한 것은 무엇인가?

반응 단계

사실 그 자체(Fact)에 관한 즉각적 반응, 연상에 대해 질문을 한다.

- 수업 시간에 기분은 어떠했나?
- 재미/힘들었다면 이유는 무엇인가?
- 수업 내용과 연관된 것들은 무엇인가?
- 수업 내용을 어떤 이미지로 표현할 수 있을까?
- 수업을 들으면서 연상되는 것은 무엇인가?

이해 단계

사실, 반응 단계를 통해 의미, 가치, 중요성을 조명하는 질문을 한다.

- 수업의 주제는 무엇인가?
- 수업의 핵심 포인트는 무엇인가?
- 수업 내용 중 이해가 어려웠던 것은 무엇인가?
- 수업 내용을 내 삶에 어떻게 적용할 수 있을까?
- 수업 내용이 다른 교과목과 연관된 부분이 있는가?
- 암기해야 할 것은 무엇인가?

결심 단계

사실, 반응, 이해 단계를 통한 결심과 행동에 대해 질문을 한다.

- 수업을 듣고 난 후 나의 결심은 무엇인가?
- 다음 수업 시간까지 준비해야 할 것은 무엇인가?

주제 10: 즐거운 학교생활을 위하여

학교는 학생들이 살아가는 주요한 세상이다. 학생들은 공감대화를 통해 학급 및 학교에 대해 좀 더 정확하게 알고 다정하게 인식할 수 있으며, 선생님들은 학생들의 관심사를 살필 수 있다. 그룹으로 하면 더 효과적이다.

사실 단계

사실 그 자체를 기술: 주제에 관한 편견과 선입견을 제거하고 객관적 자료와 사실에 주의 집중을 한다.

- 최근 우리 반에 어떤 일이 있었는가?
- 우리 반이 칭찬받은 일은 무엇인가?
- 우리 반이 잘하는 것은 무엇인가?
- 우리 반의 수업 분위기는 어떤가?

반응 단계

사실 그 자체에 관한 즉각적 반응, 연상에 대해 질문을 한다.

- 사실 확인에서 살펴본 일들을 볼 때 어떤 기분이 드는가?
- 기쁘게 하는 것이 있다면 무엇이 기쁘게 하는가?
- 우울하게 하는 것이 있다면 무엇이 우울하게 하는가?
- 우리 반을 생각하면 어떤 이미지가 떠오르는가?
- 우리 반을 생각하면 연상되는 일(사건)이 있는가?

이해 단계

사실, 반응 단계를 통해 의미, 가치, 중요성을 조명하는 질문을 한다.

- 우리 반 분위기의 원인은 무엇인가?
- 우리가 중요하게 생각해야 할 것은 무엇인가?
- 우리 반은 나에게 어떤 의미인가?
- 우리 반이 어떻게 되길 원하는가?
- 우리 반이 더 좋은 반이 되려면 필요한 것은 무엇인가?

결심 단계

사실, 반응, 이해 단계를 통한 결심과 행동에 대해 질문을 한다.

- 더 좋은 우리 반을 만들기 위한 우리의 결심은 무엇인가?
- 더 좋은 우리 반이 되기 위해 우리는 어떤 행동을 해야 하는가? (창의대화 주제)

주제 11: 우리 학교 명품학교 만들기

청소년들에게 있어서 자신이 다니는 학교에 대한 애정은 인간관계, 인격 향상, 수업 향상으로 이어진다. 학생들에게 학교와 친구들, 선생님의 필요와 중요성을 일깨워 준다. 명품학교는 학생들 스스로가 만들어 간다. 정기적으로 그룹 공감대화를 하면 명품학교를 만들어 갈 수 있을 것이다.

사실 단계

- ○○학교를 대표하는 것은 무엇인가?
- ○○학교의 자랑은 무엇인가?
- ○○학교를 설명하라면 어떻게 설명할 수 있을까?
- 최근에 ○○학교에 어떤 일이 있었는가?

반응 단계

- ○○학교를 생각하면 어떤 기분이 드는가?
- ○○학교를 입학했을 때 첫인상은 어땠는가?
- ○○학교를 다니면서 가장 기억에 남는 것은 무엇인가?
- 내게 있어 ○○학교는 어떤 이미지인가?
- ○○학교에 대한 지역 사회의 이미지는 어떤가?

이해 단계

- 나에게 있어 ○○학교는 어떤 가치인가?
- ○○학교가 내 인생에 미치는 영향은 무엇인가?
- 지금보다 더 좋은 학교가 되기 위해 무엇이 더 필요하다고 생각하는가?
- 지금보다 더 좋은 학교가 되기 위해 개선할 것은 무엇인가?
- 내가 가고 싶은 학교는 어떤 학교인가?

결심 단계

- 자랑스러운 학교를 위해 내가 해야 할 것은 무엇인가?
- 친구들과 더불어 해야 할 일은 무엇인가?

주제 12 : 교실에서 석인이와 현준이의 싸움(샘플)

청소년들은 교실에서 친구들과 자주 툭탁거린다. 그런데 중요한 것은 싸운 후이다. 잘하면 더 좋은 우정으로 발전할 것이고, 잘못하면 원수가 되고, 그렇게 되면 학교가 싫어진다. 공감대화는 친구와 다툼 해결에 유용하다. 개인 및 그룹으로 활용할 수 있다.

사실 단계

- 현준아, 무슨 일이 있었는지 말해 주겠니?
- 석인아, 지금 일어난 일에 대해 이야기해 주겠니?
- 길동아, 이 상황에 대해 말해 주겠니?

반응 단계

- 현준이의 기분이 어떠니?
  석인이의 기분이 어떨 것 같니?
- 석인이의 기분은 어떠니?
  현준이의 기분은 어떨 것 같니?
- 지금 반의 분위기는 어떨 것 같니?

이해 단계

- 왜 이런 일이 일어난 것일까?
- 싸운 이유가 무엇인가?
- 싸움 외에 다른 방법은 없었을까?

• 이 일을 통해 우리가 깊이 생각해야 할 것은 무엇인가?

결심 단계

• 이런 일이 다시 발생한다면 어떻게 해야 할까?
• 석인이와 현준이가 친구로 돌아가기 위해 무엇을 해야 할까?

주제 13: ○○○동아리 신입생 모집

학교생활에서 동아리가 차지하는 비중은 미미할 수 있으나, 인생의 전환점이 될 수도 있다. 학창시절 동아리 활동이 직업으로 이어지는 경우도 적지 않다. 공감대화는 동아리의 신입생을 모집할 때 활용하면 유익하다. 개인 및 그룹 활용 가능하다.

사실 단계

• ○○○동아리에 대해 알고 있는 것은 무엇인가?
• ○○○동아리에 왜 가입하고자 하는가?
• ○○○동아리에 가입했을 때 어떤 목표를 가지고 있나?

반응 단계

• ○○○동아리에 대해 어떻게 생각하는가?
• ○○○동아리의 무엇이 마음을 설레게 하는가?
• ○○○동아리를 생각하면 떠오르는 이미지는 무엇인가?

이해 단계

- ○○○동아리의 가치는 무엇인가?
- ○○○동아리는 내게 어떤 영향을 미칠 것인가?
- ○○○동아리에 앞으로 어떤 일이 일어나길 바라는가?

결심 단계

- ○○○동아리의 가입 각오는 무엇인가?
- ○○○동아리를 위해 무엇을 할 것인가?

주제 14: ○○○행사 계획

학급에서는 이러저러한 행사가 많다. 학교는 학생들에게 행사할 기회를 많이 주는 것이 수업 성과 창출에 도움이 된다. 학생들 스스로 행사를 기획하고 준비하는 것이 학교 자치에서 중요한 부분을 차지한다. 공감대화와 창의대화는 행사를 계획하고 준비하는 데 대단히 효과적이다. 개인 및 그룹으로 활용할 수 있다.

사실 단계

- 오늘 무엇을 계획했는가?
- 어떤 장면, 문구 또는 이벤트가 눈에 띄나?
- 이번 행사의 목적은 무엇인가?
- 이번 행사에 참여하는 사람들은 누구인가?
- 이번 행사에 외부의 도움을 받아야 할 부분은 무엇인가?

반응 단계

- 당신은 무엇에 흥분하는가?
- 앞으로 행사의 어떤 부분이 어려워 보이나?
- 이와 같은 행사 진행 경험이 있는가?
- 이번 행사를 생각하면 어떤 이미지가 떠오르나?

이해 단계

- 이 행사가 우리에게 주는 의미는 무엇인가?
- 행사를 통해 영향을 받을 사람들은 누구인가?
- 성공적 행사 진행 결과가 주는 영향은 무엇인가?

결심 단계

- 우리의 결심은 무엇인가?
- 먼저 시작해야 할 것은 무엇인가?

주제 15: ○○○행사 준비 중간 점검

학교, 학급, 그룹 단위의 행사를 준비하고 중간 점검하는 데 좋다.

사실 단계

- 원래 행사 계획은 무엇인가?
- 우리는 이미 무엇을 완료했는가?
- 행사 준비 과정은 어땠나?
- 준비 계획에서 완료해야 할 단계는 무엇인가?
- 준비가 미진한 부분은 어떤 것인가?

- 행사와 관련하여 어떤 새로운 정보가 있는가?

반응 단계

- 준비 과정에서 어떤 점이 우려되었는가?
- 준비 과정에서 어려움은 무엇이었나?
- 준비 과정에서 무엇이 보람을 느끼게 했는가?

이해 단계

- 행사의 목적은 무엇인가?
- 계획에 맞게 진행되고 있는가?
- 준비 과정에서 우선순위를 두어야 할 것은 무엇인가?
- 보완하고 수정해야 할 것은 무엇인가?

결심 단계

- 성공적인 행사를 위해 무엇을 시작해야 하나?
- 언제 과정 점검이 또 필요할까?

주제 16: ○○○행사 마무리 평가

일반적으로 행사를 마치면 후속 순서가 없다. 행사 잘 마쳤다고 자축하는 것으로 끝나는 경우가 흔하다. 그런데 행사에 있어 가장 중요한 부분은 행사 후 평가다.

평가는 다음 행사, 교사와 학생들에게 다양한 유익을 제공한다. 공감대화는 학교, 학급, 그룹 단위의 행사를 마치고 평가하는 데 유익하다.

사실 단계

- 행사의 내용이 무엇이었나?
- 행사 진행 중 기억에 남는 것은 무엇인가?

반응 단계

- 행사의 좋았던 부분과 힘들었던 부분은 언제인가?
- 참여자들의 반응은 어땠나?
- 우리를 웃게 한 부분은 언제였나?
- 분위기가 침체 될 때는 언제였나?

이해 단계

- 행사 이전과 이후의 차이는 무엇인가?
- 행사는 목적을 이루었는가?
- 다음에 이런 행사를 할 때 준비해야 할 것은 무엇인가?
- 행사의 보람은 무엇인가?

결심 단계

- 이제 우리가 새롭게 시작해야 할 것은 무엇인가?

주제 17: 청소년 흡연을 어떻게 볼 것인가?

청소년 흡연 문제가 심각하다. 성인들의 흡연율은 줄어드는 경향인데, 청소년들의 흡연은 증가 일로에 있다. 흡연 관련 자료를 제공하여 읽게 한 후 공감대화를 진행하면서 학생들 스스로 흡연에 대해 생각하고 경정할 기회를 준다. 개인 및 그룹으로 사용할 수 있다.

사실 단계

- 읽은 자료의 내용은 무엇인가?
- 내용 중 눈에 띄는 문구는 무엇인가?
- 우리 주변에서 흔한 흡연 환경은 무엇인가?
- 자료 내용 외에 금연에 대해 더 알고 있는 것은 무엇인가?

반응 단계

- 자료를 읽을 때 어떤 기분이 드는가?
- 자료를 읽을 때 떠오르는 이미지는 무엇인가?
- 흡연 경험이 있는가? 기분은 어떤가?
- 흡연할 때 주변의 반응은 어떤가?
- 흡연할 때 내 몸의 반응은 무엇인가?
- 흡연 예방 포스터를 볼 때 어떤 기분이 드는가?

이해 단계

- 흡연하는 이유가 무엇인가?
- 흡연 외에 다른 방법은 없는가?
- 흡연이 몸에 미치는 영향은 무엇인가?
- 흡연으로 인한 사회적 손실은 무엇인가?
- 금연에 도움이 되는 방법은 무엇이 있을까?

결심 단계

- 우리의 결심은 무엇인가?

• 금연을 위해 실천해야 할 것은 무엇인가?

주제 18: 청소년 음주를 어떻게 볼 것인가?

청소년 음주는 흡연보다 더욱 심각하다. 흡연이 주로 개인에 영향을 미친다면 흡연은 공동체에 지대한 영향을 미치기 때문이다. 청소년들이 공감대화를 통해 음주에 대한 개념을 스스로 정리할 기회를 주는 것이 필수적이다. 음주 관련 자료를 조사해 오게 하여 토론한 후 그룹으로 공감대화를 진행하면 더 효과적이다.

사실 단계

• 읽은 자료의 내용은 무엇인가?
• 내용 중 눈에 띄는 문구는 무엇인가?
• 최근 술과 관련된 뉴스는 무엇이 있는가?
• 음주와 관련된 법규는 무엇이 있는가?
• 알고 있는 술의 종류는 무엇인가?

반응 단계

• 자료를 읽을 때 어떤 기분이 드는가?
• 자료를 읽을 때 떠오르는 이미지는 무엇인가?
• 술을 언제 마셔봤는가? 기분은 어떤가?
• 술과 연관된 단어들은 어떤 것이 있을까?
• 주변에 술과 관련이 있는 사람들이 있는가?
• 술을 생각하면 어떤 이미지가 떠오르는가?

이해 단계

- 술을 마시는 이유는 무엇인가?
- 술을 마시게 된 동기는 무엇인가?
- 술에 대해 잘못 알고 있는 것은 무엇인가?
- 술이 몸에 미치는 영향은 무엇인가?
- 음주로 인한 사회적 손실은 무엇인가?
- 금주에 도움이 되는 방법은 무엇이 있을까?

결심 단계

- 우리의 결심은 무엇인가?
- 금주를 위해 실천해야 할 것은 무엇인가?

주제 19 : 청소년들의 관심

공감대화를 통해 청소년들이 자신들의 관심사, 취미, 희망, 사회적 이슈에 대해 나누면 서로에 대한 이해, 사회에 대한 폭넓은 이해들을 공유할 수 있다. 창의대화와 함께 그룹으로 사용하는 것이 훨씬 효과적이다.

사실 단계

- 친구들 사이에 이슈는 무엇인가?
- SNS를 통해 가장 많이 주고받는 내용은 무엇인가?
- 친구들과 가장 많이 이야기 하는 것은 무엇인가?

반응 단계(가장 많이 이야기한 것을 중심으로)

- 친구들이 관심을 가지는 이슈에 어떤 기분이 드는가?
- 무엇이 그런 감정을 느끼게 하는가?
- 이런 이슈와 유사한 것(일, 사건)들은 무엇인가?
- 이슈가 주는 이미지는 무엇인가?

이해 단계

- 이슈의 원인은 무엇일까?
- 이슈가 나에게 어떤 영향을 주는가?
- 이슈가 우리 사회에 미치는 영향은 무엇인가?
- 이슈 이면에는 어떤 배경이 있다고 생각하는가?
- 이슈의 대안이 있다면 어떤 것이 있을까?

결심 단계

- 이슈를 보면서 우리의 결심은 무엇인가?
- 이슈를 보면서 우리가 행동해야 할 것은 무엇인가?

주제 20 : 교실 왕따

학교 폭력이 다반사로 일어나고 있다. 폭력 중에 왕따 문제도 빈번하다. 이 부분은 학생들에게 현실적으로 민감한 부분이라 잘 설계하고 준비해서 진행해야 할 것이다. 뉴스 기사 중 왕따에 관련된 기사를 읽게 한 후 진행한다. 그룹으로 하는 것이 더 효과적이다.

사실 단계

- 기사의 내용은 무엇인가?
- 눈에 띄는 단어나 문구는 무엇인가?
- 기사의 내용 중에 집단 따돌림을 어떻게 했는가?
- 기사의 내용 중에 집단 따돌림의 결과는 무엇인가?

반응 단계

- 왕따의 경험이나 본 적이 있는가?
- 그 때의 상황은 어땠나?
- 그 상황에 대한 나의 감정은 무엇이었나?
  절망인가?
  분노인가?
  왜 이런 감정을 느꼈나?
- 주변 사람들은 어떤 반응을 했나?

이해 단계

- 기사의 내용과 내 경험의 공통점은 무엇인가?
- 집단 따돌림을 하는 사람들의 특징은 무엇인가?
- 왕따 당하는 사람들의 고통은 무엇인가?
- 집단 따돌림을 하는 이유는 무엇일까?
- 왕따를 해결할 수 있는 방법은 무엇일까?

결심 단계

- 이제 우리의 결심은 무엇인가?

- 왕따를 없애기 위한 우리의 실천은 무엇인가?

주제 21: 학교 내 일진의 압박

일진 압박에 대한 대처 방법을 찾게 하며 개인은 상담으로, 예방 차원은 그룹으로 하면 효과적이다.

사실 단계

- 일진이 압박하는 상황은 어땠는가?
- 언제 어디서 일어났는가?
- 압박 상황에 참여한 학생들은 누구인가?
- 그 상황의 결과는 무엇이었나?
- 나와 비슷한 경험을 한 학생들도 있는가?
- 다른 사람의 영향을 받아 무언가를 한 적이 있는가?
- 내가 친구에게 압력을 행사한 상황은 무엇인가?

반응 단계

- 압박을 받을 때 기분은 어떠했는가?
- 압박을 받을 때 어떻게 반응하나?
- 압력을 다루는 데 있어 가장 힘든 부분은 무엇인가?
  쉬운 부분은 무엇인가?
- 나의 압박에 친구들은 어떤 반응을 할까?

이해 단계

- 왜 이런 압박을 한다고 생각하는가?
- 압박의 유익이 있는가?
  있다면 무엇인가?
- 압박의 위험은 무엇인가?
- 친구들은 이런 압박을 어떻게 처리하는가?
- 압박에 대처하기 위해 무엇이 필요한가?
- 압박에 대처하기 위해 누구의 도움이 필요한가?

결심 단계

- 친구의 압박을 줄이기 위해 무엇을 할 수 있는가?
- 친구의 압박에 대해 어떻게 대처할 것인가?

주제 22 : 핵인싸 / 아싸

자신의 행동을 알아차리게 함으로 좋은 친구 관계를 형성하도록 한다. 인싸나 아싸 행동의 실제 예를 가지고 진행한다. 개인 및 그룹으로 활용할 수 있다.

사실 단계

- 무슨 일이 있었는가?
- 누가 관여를 했나?
- 그 외 다른 사람은 무엇을 했나?

반응 단계

- 이런 행동(모습)을 한 후 기분은 어땠는가?
- 누가 나에게 이런 행동을 했다면 어떤 기분이 들까?
- 이런 행동(모습)을 전에도 본 적이 있는가?
- 이런 행동(모습)으로 잘 알려진 사람이 있나?
- 이런 행동(모습)으로 어떤 이미지가 떠오르는가?

이해 단계

- 이런 행동(모습)을 보이는 이유는 무엇일까?
- 이런 행동(모습)이 주는 메시지는 무엇일까?
- 이런 행동(모습)을 보일 때 나는 어떻게 대응하는가?
- 이런 행동(모습)은 어떤 영향을 미치는가?

결심 단계

- 다시 이런 상황이 나타나면 나는 어떤 태도를 가져야 할까?
- 이제 이런 상황에 대한 나의 행동은 무엇인가?

주제 23: 포트폴리오 작성

진학 및 진로 준비 과정을 점검하며 자신의 강점을 찾도록 돕는 데 활용할 수 있다. 개인 및 그룹으로 사용할 수 있다.

사실 단계

- 포트폴리오의 내용은 무엇인가?

- 포트폴리오의 주제는 무엇인가?
- 포트폴리오는 언제부터 준비했나?
- 포트폴리오를 보면 무엇을 알 수 있나?

반응 단계

- 포트폴리오를 볼 때 어떤 기분이 드는가?
- 그런 기분이 드는 이유는 무엇일까?
- 포트폴리오 내용 중 특별히 기억에 남는 것은 무엇인가?
- 특별히 기억에 남는 이유는 무엇인가?

이해 단계

- 포트폴리오를 작성하는 이유는 무엇인가?
- 포트폴리오의 가치는 무엇인가?
- 포트폴리오를 통해 새롭게 발견한 것은 무엇인가?
- 포트폴리오는 나의 발전을 어떻게 나타내고 있는가?
- 포트폴리오를 통해 발견한 나의 장점(재능)은 무엇인가?

결심 단계

- 포트폴리오를 보면서 내가 한 새로운 다짐은 무엇인가?
- 포트폴리오 작성을 위한 다음 행동은 무엇인가?

주제 24: 자기소개서 작성

진학과 취업을 위한 자기소개서나, 언제 어디서든지 자기를 소개

해야 할 상황에서 공감대화로 소개서를 작성하거나, 자기를 소개하면
간결하면서도 명확하게 자기를 표현할 수 있다.

사실 단계

- 학업에 큰 변화는 무엇인가?
- 어떤 과목에서 큰 변화가 있었나?
- 실력 향상을 위해 무엇을 했나?
- 교내에서 한 활동은 어떤 것이 있나?
- 가장 기억에 남는 활동은 무엇인가?

반응 단계

- 변화가 큰 과목을 공부할 때 어떤 기분이 들었나?
- 그런 기분이 드는 이유는 무엇일까?
- 이 과목과 연관된 경험이나 다른 사람의 사례는 무엇인가?
- 이 과목에 떠오르는 이미지는 무엇인가?
- 교내 활동을 할 때 어떤 기분이 들었나?
- 무엇이 기쁘게(힘들게) 했는가?
- 이 활동에 다른 학생들의 반응은 무엇인가?
- 이 활동에 대한 이미지는 무엇인가?

이해 단계

- 이 과목이 내게 어떤 영향을 미치고 있나?
- 이 과목을 통해 깨달은 것은 무엇인가?
- 이 과목이 나의 미래와 어떤 연관성이 있나?

- 이 활동의 가치는 무엇인가?
- 이 활동이 내게 어떤 영향을 미쳤나?
- 이 활동을 통해 배운 것은 무엇인가?
- 이 활동이 다른 학생 및 학교에 미친 영향은 무엇인가?

결심 단계

- 새로운 결심과 실천은 무엇인가?

주제 25: 자기소개서(샘플)

자기소개서에는 학업 능력, 진로 연관성, 교내 활동을 통한 리더십, 공동체 의식, 열정, 도전 정신, 성숙 등의 내용을 요구한다. 그 가운데 학업 능력에 대한 부분을 공감대화 예시로 제시한다.

사실 단계

저는 영어에 흥미가 있습니다. 영드나 미드를 즐겨 보며 영어로 쓰인 판타지를 자주 읽습니다.

고등학교 입학해서 첫 수능 모의고사 1등급을 받았습니다. 동아리도 영어 신문 읽기에 들어갔습니다. 이후 중간고사, 기말고사, 모의고사에서 5등급을 받았습니다. 방학 동안 원인이 무엇인지 부모님 및 선배들에게 물어 보았습니다. 학습량 부족과 교과서 이외에 관한 공부였습니다. 이제까지 학원을 다니지 않았는데 2학기부터 학원을 다니기 시작했습니다. 성적은 계속 5등급에 머물렀고 학원을 쉬었습니다. 그래도 포기할 수 없어서 하루 1시간씩 다시 영어 공부를 시작했습니다. 지구력이 생겨 5개월 후 다시 학원에 다니기 시작했습니다. 2학년 9월 모의고사에 1등급을 받았습니다.

반응 단계

흥미가 있던 영어가 성적이 떨어지니 나를 가장 불안하게 했습니다. '노력해도 안 되는구나!' 하는 절망감은 학교생활 의욕을 떨어뜨렸습니다. 영어를 생각하면 토가 나올 정도였습니다. 자신을 생각하면 나도 모르게 눈물이 흘렀습니다. 1등급을 받은 한 주간 싱글벙글 웃고 다녔습니다.

이해 단계

영어 공부가 성적으로 끝나는 것이 아니라 나에게 삶을 살아가면서 어떤 일이라도 포기하지 말아야겠다는 교훈을 주었습니다. 포기하지 않고 인내하면 반드시 좋은 결과가 주어질 것을 확신하게 되었습니다.

그리고 당장 성적이 안 올라도 공부하는 그 과정이 집을 지을 때 기초를 놓는 것처럼 실력을 견고하게 다지는 과정이라는 것도 알게 되었습니다. 인생은 혼자 사는 것이 아니라 누군가의 도움이 필요하며 또한 누군가 나의 도움이 필요하겠다는 것을 깨닫게 되었습니다.

이 경험으로 '삶의 바닥에 내려간 사람들의 마음이 이렇겠구나!' 하는 공감의 마음을 갖게 되었습니다.

결심 단계

이제 대학에 진학하고 교사가 되어 이런 경험을 바탕으로 학생들에게 위로와 용기와 지식을 전하고자 합니다.

2. 창의대화

창의대화는 의사 결정에 참여함을 통해 참여자의 동기부여에 효과적인 방법이다. 참여자에게 자아실현의 욕구를 충족시켜 조직과 의사 결정에 대한 긍정적 태도를 갖게 한다.

창의대화는 더 많은 정보와 지식을 이용할 수 있어 보다 많은 대안을 만들어 낼 수 있고, 의사 결정의 질을 향상시킬 수 있다. 참여자 상호 간에 이해의 폭을 증가시켜 의사 결정의 최종단계에서 참여자들의 공감을 얻을 수 있고 참여자들은 그 결정을 적극적으로 수용하며 잘 따른다. 또한 보다 활발한 의사소통이 가능해지며 정확한 의사 결정이 신속하게 이루어질 수 있다.

창의대화는 모두에게 동등한 참여 기회가 보장되며, 모두가 제안한 의견이 받아들여진다. 동등한 참여와 서로 간의 이해, 집단의 지혜를 활용해 문제 해결 방법을 찾고 공동의 책임을 진다.

1) 창의대화의 과정

창의대화의 과정은 다음과 같다.

시작하기 – 생각 이끌어내기 – 의견 모으기 – 의견 분류하기 – 이름 짓기 – 마무리 과정을 거친다.

시작하기

아이스브레이크로 심리적 안정감과 자발적 참여 분위기를 만든다. 워크숍의 목표, 결과물, 프로세스, 일정을 설명하고 팀빌딩과 워크숍 규칙을 정한다.

생각 이끌어내기

새로운 방법을 찾을 수 있는 다양한 대안을 생각하게 한다. 개인별 브레인스토밍을 하며 최고의 생각들을 끄집어내게 한다. 브레인스토밍에서 도출된 여러 가지 아이디어를 비난하거나 평가해서는 안 되며 어떤 아이디어라도 수용하도록 한다. 많은 아이디어가 유용하며 이미 제안된 아이디어로부터 다른 아이디어를 이끌어 낼 수 있도록 도와야 한다.

의견 모으기

소집단 브레인스토밍의 기법을 활용하여 아이디어나 이슈들을 공유한다. 전체 발표가 아니라 2-3명으로 구성된 팀원들에게 자신의 생각을 이야기함으로 발표에 대한 두려움을 제거하고 의견 수용을 통한 심리적 안정감을 갖게 한다. 그리고 생각한 아이디어를 카드에 적어 제출하게 한다.

의견 분류하기

제출된 의견들을 주제별로 분류한다. 각 소그룹에서 수집한 의견 중 같은 내용끼리 주제별 모둠 만들기를 실시하고 남은 것들에 대한 관계 짓기를 한다. 현재까지의 단계에서 나온 의견들로 모둠 만들기를 하여 새로운 관점을 발견하고 기존 방법들을 재점검, 모둠별 패턴과 관계를 확인하는 단계이다.

이름 짓기

주제별로 분류된 의견들을 대표할 수 있는 이름을 정한다. 이번 단계에서는 각 모둠의 핵심을 발견하고, 모둠을 명료화하여 새로운 관점을 통해 모둠의 이름 짓기를 실시하는 과정이다. 여기서 최초의 합의가 일어나며, 합의를 끌어내기 위해 공감대화를 사용한다. 이름을 부여하는 과정 속에서 주인의식이 생긴다.

마무리

참여자 모두가 참여 과정을 되돌아보며, 합의한 결과물을 작성하고, 집단이 합의하여 결정한 내용을 한데 모아 정리한다. 그리고 주제에 따라 우선순위를 정하고 실행계획을 세운다.

2) 창의대화의 활용

학급회의, 임원회의, 학교 규칙 세우기, 행사계획(수련회, 발표회, ○○대회), 동아리 비전, 하루가 신나는 우리 교실(공감대화 함께 사용), 행복한 학교 만들기(생각 바꾸기와 함께 사용), 스마트폰 잘 쓰기, 좋은 이성 친구 되기, 절친 되기, 사이버 폭력 근절(공감대화와 함께 사용), 욕보다 고운 말(공감대화와 함께 사용), 진로 찾기, 친구 고민 해결…….

시작하기

- 아이스브레이크로 참여 분위기를 조성하고, 라포 형성을 한다.
- 집단지성의 탁월함을 통해 워크숍에 대한 자신감 있는 태도를 갖게 한다.

목표(KSA)

- 지식(Knowledge): 참가자들이 대화를 마칠 때 새로운 아이디어를 알게 되고, 합의된 대화의 산출물 알게 된다.
- 기술(Skill): 참가자들이 대화를 마칠 때 소통과 합의의 기술을 배우며, 문제 해결의 방법을 알게 된다.
- 태도(Attitude): 대화를 통해 경청하며, 타인의 지혜를 인정하며, 합의 결정에 책임감을 갖는 태도를 갖게 된다.

결과물 설명

- 워크숍의 목적과 주제를 설명한다. 주제를 모두가 볼 수 있는 곳에 붙인다.
- 이 워크숍이 중요한 이유를 제시한다.
- 워크숍에서 어떤 결과물이 나올지 설명한다.(구제적인 내용이 아니라 방향을 설명한다.)

프로세스/일정 설명

- 워크숍이 어떤 프로세스로 진행되며 얼마만큼의 시간이 소요 되는지 설명하고 타임 테이블을 벽에 붙인다.
- 퍼실리테이터의 역할을 설명하고, 워크숍의 전제를 제시하고, 참여자들의 지침을 만들게 한다.

워크숍의 전제

1. 모든 사람은 지혜를 가지고 있다.
2. 가장 현명한 결정을 내리기 위해서는 모든 사람들의 지혜가 필요하다.
3. 잘못된 답은 없다.
4. 전체는 그 부분의 합보다 크다.
5. 모두가 다른 사람의 의견을 경청하며, 모두가 경청된다.

"우리는 합의 형성을 위해 노력한다."

이 워크숍의 Ground Rule (예시)

1. 다른 사람의 말을 중단시키지 않는다.
2. 다른 사람의 말을 평가하지 않는다.
3. 혼자 자주 말하지 않는다.
4. 명확하지 않을 때는 질문한다.
5. 상대방이 말하는 동안에 사적인 대화를 하지 않는다.

생각 이끌어내기

- 많은 아이디어들을 신속히 생각해 내도록 한다.

• 퍼실리테이터는 참여자들의 사고 촉진을 위한 적절한 질문을 준비한다.

• 제시된 주제에 대한 아이디어를 개인별로 10개 정도 Brainstorming 하게 한다.

• 참가자들에게 혼자 생각해 볼 수 있는 개인적인 시간을 준다. 이때 잘못된 답은 없으며, 최선의 결과를 얻기 위해 모두의 지혜가 필요함을 강조한다.

• A4용지나 포스트잇에 아이디어를 적게 하고 참여자들이 아이디어 적는 것을 힘들어 할 때, 비전의 달성 상태를 그리게 하고, 비전을 이룰 수 있는 아이디어가 어떤 것이 있는지 2-3개 정도 질문한다.

• 기록한 의견 중 가장 좋다고 생각되는 의견 3-5개에 *표시하게 한다.

• 나머지 의견은 버리는 것이 아니며, 그룹 토의의 효율성을 위한 것이라고 설명한다.

• 2-3명으로 소그룹을 구성하며, 소그룹에서 자신의 의견을 설명하게 한다.(의견 평가 및 합의를 하는 것이 아니다. 소그룹에서의 설명은 심리적 부담감을 덜어 준다.)

• 각 소그룹에서 다양한 관점을 존중하되 중복되는 의견을 제거하고, 명료한 의견 _____개를 선택하게 한다.(전체 집단의 의견 수가 35-60개 사이가 되도록 한다. 개수가 너무 적으면 흥미가 떨어지고, 너무 많으면 지루해진다.)

• 사전에 적당한 개수를 계산해 두고 포스트잇에 그룹 당 _____개의 의견을 적게 한다. 적을 때는 모두가 볼 수 있게 큰 글자로, 정자체로 포스트잇 1장에 하나의 의견을 적게 한다.

의견 모으기

- 의견을 요약하며 수렴하는 단계이다.
- 비슷한 의견들을 연결하고 새로운 관계를 발견한다.
- 주제에 대해 관심이 많은 부분을 확인하고, 데이터가 더 필요한 부분이 어디인지를 찾는 방법이다.
- 퍼실리테이터는 다양한 카드를 얻기 위해 2-3차례에 걸쳐 각 소그룹이 카드를 내게 한다. 그 예로 처음엔 '가장 중요한 것', 다음은 '가장 독특한 것', 그 다음은 '무엇하고도 어울리지 않는 것'을 내도록 한다. 1회에 제출하는 카드는 총 15~25개로 염두에 두고 그룹별 1회 제출 카드 개수를 정해 준다.
- Board판이나 벽에 포스트잇 또는 masking 테이프, 블루텍으로 카드를 붙인다.
  - 카드를 벽에 붙일 때 함께 의견을 읽게 한다.
  - 모호한 의견에 대한 질문을 받고, 의견을 낸 사람이 질문에 답하게 한다.
  - 제출된 의견에 대한 비평이나 편집을 삼간다. 비평이나 편집은 참여자의 참여를 제한하게 된다.

의견 분류하기

- 퍼실리테이터는 어떤 카드가 서로 비슷한지 사람들에게 묻고 유사한 카드들을 한 줄로 늘어놓는다.
- 특정 의견이 대표로 취급되는 것을 막기 위해 각 줄에 기호를 부여한다. 2-3차례 카드를 거둬 의견을 분류할 때마다 기호의 이름을 부르도록 한다.

• 새로운 통찰이 생기도록 모든 카드가 분류될 때까지 각 줄에 이름을 붙이지 않는다.

• 분류된 의견들은 워크숍이 끝날 때 주제에 대한 답이 됨을 강조한다.

• 분류되지 않은 나머지 카드들을 이미 만들어진 모둠에 연결시킨다. 시간을 절약하기 위해 미리 카드에 표시를 할 수도 있다.

이름 짓기

• 분류된 의견의 의미를 찾고, 합의를 하기 위한 과정이다.

• 집단이 합의된 결과를 받아들이고 수용한다.

• 합의 결과를 수용함으로 책임을 공유하고, 주인의식을 갖게 한다.

• 가장 많은 의견이 제출된 모둠을 살펴본다.

• 해당 모둠의 모든 카드를 소리 내어 읽는다.

• "이 모둠에 있는 의견들의 키워드는 무엇입니까?"라고 묻는다.

• 모둠이 가진 의미를 탐색하게 하는 질문을 한다.

  예) 이 영역은 무엇에 관한 것입니까?

• 의미를 탐색하는 질문은 주제에 대한 답이 된다.

• 모둠의 의견들을 담아낼 수 있는 이름을 짓게 한다. (명사, 형용사, 동사 포함).

• 각 모둠의 이름을 제안하도록 하고 2-3명의 통찰을 결합하여 이름에 대한 합의를 얻는다. 한 두 사람의 빅 마우스가 이름 짓기를 주도하지 못하도록 퍼실리테이터가 전체 의견을 조율하거나 짝을 지어 토론하게 한다.

• 이 과정이 쉽게 이뤄지지 않을 때 집단이 만족할 때까지 이 단

계를 반복한다.

　• 이름을 카드에 적고, 다른 의견 카드와 구분하기 위하여 다른 색의 카드에 적거나, 가장자리에 테두리를 그린다.

　• 이름 카드를 기호 카드 위에 붙인다.

마무리 - 결과 확인

　• 집단이 결정한 주제에 대한 답을 하나로 모은다.

　• 워크숍 프로세스 결과를 정리한다.

　• 워크숍 산출물의 우선순위를 결정하기 위한 토의를 한다.

　• 모둠 이름 카드를 읽게 하고 어떤 결과를 도출했는지 살펴보는 질문을 한다.

　다음의 질문을 던진다.

　－ 가장 여러분을 놀라게 한 것은 무엇입니까?

　－ 여러분의 기분은 어떤가요?

　－ 어떤 의견이 가장 큰 변화를 만들 수 있습니까?

　－ 자신이 담당하고 싶은 것은 무엇입니까?(이름을 쓴다.)

　－ 우리 모두가 가장 먼저 해야 할 것은 무엇입니까?

　－ 우선순위를 정하기 위해 색깔별 스티커 3장을 나눠주고 중요성, 시급성, 효과성의 항목에 스티커를 붙이게 한다. 가장 많이 붙은 모둠 순으로 우선순위를 정한다.

　• 다음 단계를 선언(실행계획 세우기)한다.

결과 정리

　• 차트는 토의한 결과에 대한 전체 정보를 이해하기 쉽게 제시한다.

차트 샘플

 전체적인 균형을 보여 주는 차트

 항목 수에 따라 우선순위를
보여 주는 차트

 앞으로의 행동 계획을 시각화한 차트

워크숍 평가

- 워크숍 결과를 되돌아보겠습니다.
- 오늘 우리가 한 워크숍은 무엇입니까?
- 워크숍의 프로세스에 참여할 때 어떤 기분이 들었습니까?
- 우리가 했던 활동들 중 여러분의 흥미를 북돋은 것이나 호기심
을 자아낸 것은 무엇입니까?
- 우리가 한 활동들의 중요성은 무엇입니까?
- 워크숍의 결정은 무엇입니까?
- 마무리.

주제 1: 어떻게 즐거운 반(학교)이 될까?

학생들에게 있어서 학교생활은 그들의 미래를 좌우하는 곳이고, 교실은 그들이 만들어갈 그들의 천국이다. 학생들이 스스로 즐거운 학교를 만들어나갈 수 있는 기본 장이 되므로 학기 시작, 중간, 마치면서 실시하면 좋다.

준비물: 포스트잇, 보드 펜, 볼펜, A4용지.

생각 이끌어내기

· 제시된 주제에 대한 생각을 Brainstorming 하고 A4용지에 각자 10개 정도 적게 한다. 학생들이 아이디어 적는 것을 힘들어 할 때, 더 행복한 반(학교)을 상상하도록 한다.

· 학생들에게 혼자 생각해 볼 수 있는 개인적인 시간을 준다. 이 때 잘못된 답은 없으며, 최선의 결과를 얻기 위해 모두의 지혜가 필요함을 강조한다.

· A4용지에 적은 것을 포스트잇 1장에 하나의 생각을 큰 글자로 옮겨 적는다.

의견 모으기

· 기록한 생각 중 가장 좋다고 생각되는 의견 3-5개에 *표시하게 한다.

· 퍼실리테이터는 다양한 카드를 얻기 위해 2-3차례에 걸쳐 내게 한다.

예를 들어, 처음에는 '가장 중요한 것', 다음에는 '가장 독특한 것'을 내도록 한다.

- 벽에 제출 된 포스트잇을 붙인다.
- 카드를 벽에 붙일 때 함께 의견을 읽게 한다.
- 모호한 의견에 대한 질문을 받고, 의견을 낸 사람이 질문에 답하게 한다.
- 제출된 의견에 대해 비평이나 편집을 삼간다.

의견 분류하기

- 퍼실리테이터는 어떤 카드가 서로 비슷한지 학생들에게 묻고 유사한 카드들을 한 줄로 늘어놓는다.
- 특정 의견이 대표로 취급되는 것을 막기 위해 각 줄에 기호를 부여한다. 추후 의견을 분류할 때 기호의 이름을 부르도록 한다.
- 분류된 의견들은 워크숍이 끝날 때 주제에 대한 답이 됨을 강조한다.
- 분류되지 않은 나머지 카드들을 이미 만들어진 모둠에 연결시킨다. 시간을 절약하기 위해 카드에 미리 표시를 할 수도 있다.

이름 짓기

- 가장 많은 의견이 제출된 모둠을 살펴본다.
- 해당 모둠의 모든 카드를 소리 내어 읽는다.
- "이 모둠에 있는 의견들의 키워드는 무엇입니까?"라고 묻는다.
- 모둠의 의견들을 담아낼 수 있는 이름을 짓게 한다. (명사, 형용사, 동사 포함).

• 각 모둠의 이름을 제안하도록 하고 학생들로 하여금 이름에 대해 합의하도록 한다.

• 이름을 카드에 적고, 다른 의견 카드와 구분하기 위하여 다른 색의 카드에 적거나, 가장자리에 테두리를 그린다.

• 이름 카드를 기호 카드 위에 붙인다.

마무리

• 전체 과정을 확인하고 합의에 의한 산출물을 작성하고 산출물을 함께 읽는다.

• 이름들을 하나의 문장으로 연결하여 학급(학교) 비전선언문으로 만든다.

• 산출물에 대한 역할 분담을 정한다.

• 실천 사항을 벽에 붙인다.

주제 2: 어떻게 즐거운 반이 될까?(샘플 - 중1)

7월 달 방학을 앞두고 타임라인으로 1학기를 되돌아보는 시간을 가졌다. 달별로 기억나는 일들을 적게 하고 학급에 대한 평가를 하게 하였다.

평가의 한 문장은 "우리 반의 1학기는 최악이었습니다."이었다. 그래서 2학기에는 "어떻게 하면 즐거운 반이될 수 있을까?"라는 주제로 창의 대화를 시도하였다.

생각 이끌어내기

• 신나고 재미있는 반의 모습을 상상하면서 Brainstorming 하게 한다.

의견 모으기 - 포스트잇에 적어 제출

• 다들 그냥 조용히 하기, 수업 중 난동 부리지 않기, 수업 종이 울리면 제자리에 앉기, 수업 시간에 돌아다니지 않기, 수업 시간에 소리 지르지 않기, 사고 치지 않고 교무실에 불려가지 않기, 협동심을 갖자, 사랑하자, 모르는 친구와 친해지기, 제발 정신 차리자, 노력하자, 깝치지 말자, 배려하자, 끈기를 가지자, 욕하지 말자, 시간을 잘 지키자, 지각하지 말자, 자신감을 가지자.

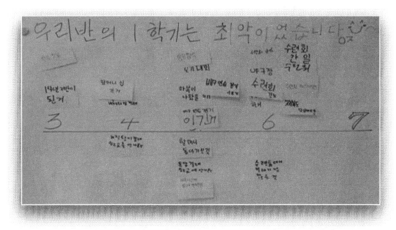

의견 분류하기

○ 협동심을 갖자, 사랑하자, 배려하자, 모르는 친구와 친해지기.

□ 노력하자, 끈기를 가지자, 자신감을 가지자, 제발 정신 차리자.

◇ 다들 그냥 조용히 하기, 소리 지르지 않기, 수업 중 난동 부리

지 않기, 수업 종이 울리면 제자리에 앉기, 수업 시간에 돌아다니지
않기, 깝치지 말자.
　☆ 지각하지 말자, 욕하지 말자, 시간을 잘 지키자.
　※ 사고 치지 않고 교무실에 불려가지 않기.

이름 짓기
　　○ – 협동
　　□ – 정차(정신 차려)
　　◇ – 범생
　　☆ – 지욕시
　　※ – 칭찬

마무리
　벽에 붙여 놓고 2학기에 실천하기로 함.

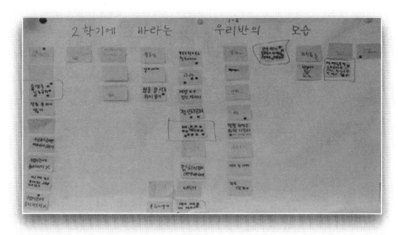

주제 3: 부모님(선생님, 친구)과 더 친밀한 관계를 유지하는 방법은 무엇일까? (개인이 혼자 활용하는 예시)

관계를 만들어 갈 수 있는 능력은 저절로 되는 것이 아니다. 노력과 훈련으로 되는 것이다. 예시에서는 개인이지만, 그룹으로 하는 것도 효과적이다.

준비물: 포스트잇, 보드 펜.

생각 이끌어내기
- 친밀한 관계의 모습을 상상하면서, 그 내용을 Brainstorming 하고 최대한 많이 포스트잇에 적는다.

의견 모으기
- 포스트잇에 적은 의견을 쭉 펼쳐 본다.

의견 분류하기
- 포스트잇에 적은 의견을 주제별로 분류한다.

이름 짓기
- 분류된 의견을 쭉 읽어 보고, 분류된 의견을 대표할 수 있는 이름을 짓는다.

마무리
- 이름들을 연결하여 하나의 문장으로 만든다.
- 우선순위를 정하고 체크 리스트를 만든다.

주제 4: 꿈을 이루기 위해 우리가 준비해야 할 것(샘플-초 5학년)

생각 이끌어내기

의견 모으기

의견 분류하기

이름 짓기

마무리

주제 5: 상처받은 친구를 어떻게 도와 줄 수 있을까? (샘플-중2~고 2, 8명 학생 활동 중)

생각 이끌어내기

· 학교에서, 그리고 친구들 가운데 왕따 및 상처로 인해 힘들어 하는 친구들이 있는가? 그들을 생각해 보면서 그 친구들을 도우며 위로해 줄 방법들은 어떤 것들이 있을까를 Brainstorming 하게 한다.

의견 모으기 - 포스트잇에 적어 제출

· 공격을 끝낼 방법을 마련해 본다, 공격한 사람과의 문제를 알아본다, 디저트 카페로 데려간다, 달달한 것으로 위로한다, 친구가 좋아할 만한 선물을 한다, 패거리 혹은 혼자서 가해자에게 용서를 구하게

한다, 친구와 이야기하며 같이 있어 준다, 진정될 때까지 안아 준다, 함께 있어 준다, 친구에게 '괜찮아'라고 말해 준다, 자신감을 불어 넣어 준다, 친구에게 '힘내'라고 말해 준다, 친구를 달래 준다, 곁에 있어 준다, 끝까지 들어 준다, 같이 화내 준다, 단 거 먹자, 걔랑 놀지 마, 어떤 놈이 그랬어, 내가 혼내 줄게, 마음껏 울어, 같이 그 사람을 욕해 준다, 먹을 거 사줄 게. 나가자, 힘드냐?, 괜찮아?, 내가 도움을 줄게, 괜찮아, 선생님께 말해, 놀러 가자, 힘내, 기죽지 마, 많이 힘들어?, 내가 뭐 해줄 수 있는 거 있니?, 계속 옆에 있어 줄게, 힘들면 말 안 해도 돼, 한동안 같이 있어 준다, 친구 치료해 준다, 병원 데려다 준다, 친구 이야기 듣고 위로해 준다, 경찰에 신고한다, 피해자 사연 인터넷에 올린다, 친구를 위해 칼을 간다(마음속으로).

의견 분류하기

○ 공격을 끝낼 방법을 마련해 본다, 공격한 사람과의 문제를 알아본다, 디저트 카페로 데려간다, 달달한 것으로 위로한다, 친구가 좋아할 만한 선물을 한다, 패거리 혹은 혼자서 가해자에게 용서를 구하게 한다, 친구와 이야기하며 같이 있어 준다, 진정될 때까지 안아 준다, 함께 있어 준다, 친구에게 '괜찮아'라고 말해 준다, 자신감을 불어 넣어 준다, 친구에게 힘내라고 말해 준다, 친구를 달래 준다.

□ 곁에 있어 준다, 끝까지 들어 준다, 같이 화내 준다, 단 거 먹자, 걔랑 놀지 마, 어떤 놈이 그랬어, 내가 혼내 줄게, 마음껏 울어, 같이 그 사람 욕해 준다, 먹을 거 사줄 게. 나가자, 힘드냐?, 괜찮아?.

◇ 내가 도움을 줄게, 괜찮아, 선생님께 말해, 놀러 가자, 힘내, 기죽지 마, 많이 힘들어?, 내가 뭐 해 줄 수 있는 거 있니?, 계속 옆에

있어 줄게, 힘들면 말 안 해도 돼.

☆ 한 동안 같이 있어 준다, 친구 치료해 준다, 병원 데려다 준다, 친구 이야기 듣고 위로해 준다, 경찰에 신고한다, 피해자 사연 인터넷에 올린다, 친구를 위해 칼을 간다(마음속으로).

이름 짓기

○ – 내 일인 것처럼 함께 있어 주고 해결하기.

□ – 나는 니 편.

◇ – 친구가 상처받을 때 내가 해야 하는 것.

☆ – 친구가 상처받았을 때 나라면.

마무리

전체 내용 함께 읽고 우리 모두 좋은 친구가 됩시다. 화이팅!

주제 6: 학교에서 소통을 잘하려면 어떻게 해야 할까? (샘플-초 6학년)

생각 이끌어내기

• 먼저 공감대화로 소통의 중요성을 깨닫게 하고 소통을 잘하는 방법에 대해 Brainstorming 하게 한다.

의견 모으기- 포스트잇에 적어 제출

• 화내지 않는다, 화내기 전 한 번 더 생각하고 말하기, 항상 웃으며 이야기한다, 경청한다, 노력해야 한다, 공부해야 한다, 내가 이 말을 했을 때 친구의 기분이 어떨지를 생각하고 말한다, 친구의 입장에서 생각해 보자, 나 전달법을 사용하여 이야기한다, 친구를 배려한다, 친구의 말을 끝까지 들어 준다, 말을 곱게 한다, 다른 사람 이야기 알기, 선생님과 우리 간의 존중, 열린 대화를 통한 소통을 한다, 친구가 좋아하는 이야기를 한다, 친구 차별 노노(하지 않는다), 친구를 믿자, 다른 반과도 함께하기.

의견 분류하기

☆ 화내지 않는다, 화내기 전 한 번 더 생각하고 말하기.

△ 항상 웃으며 이야기한다, 경청한다.

○ 노력해야 한다, 공부해야 한다.

□ 내가 이 말을 했을 때 친구의 기분이 어떨지를 생각하고 말한다, 친구의 입장에서 생각해 보자, 나 전달법을 사용하여 이야기한다, 친구를 배려한다, 친구의 말을 끝까지 들어 준다, 말을 곱게 한다, 다른 사람 이야기 알기.

선생님과 우리 간의 존중, 열린 대화를 통한 소통을 한다, 친구가 좋아하는 이야기를 한다.
? 친구 차별 노노(하지 않는다), 친구를 믿자, 다른 반과도 함께 하기.

이름 짓기

☆ - 화내지 않기
△ - 경청
○ - 노력
□ - 배려
- 존중
? - 차별 노

마무리

전체 내용 함께 읽고 우리 모두 소통 잘 합시다.

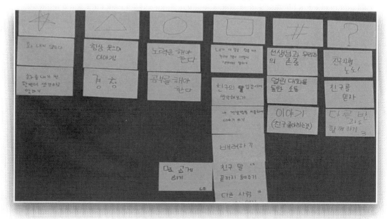

주제 7: 희망하는 회사에 들어가려면 어떻게(준비) 해야 하나?(샘플 - 고3 수능 치른 후)

생각 이끌어내기

• 5~7년 후 대학 졸업하고 희망하는 직장에 들어가는 것을 상상하게 하고 원하는 회사에 취업하기 위해 준비할 것들을 Brainstorming 하게 한다.

의견 모으기 - 포스트잇에 적어 제출

• 꾸준한 운동을 해야 한다, 자기관리를 잘해야 한다, 충분한 수면을 취해야 한다, 건강한 생활습관을 들이자, 자소서를 잘 쓰도록 준비하자, 뛰어난 작품을 만들자, 유튜브 조회 수 1000만 달성한다, 쇼팽 콩쿠르서 우승한다, 봉사활동 많이 하자, 끈기를 가지자, 노력을 많이 하자, 굳센 의지를 갖자, 동기부여를 잘하자, 성실한 삶을 살자, 자신 감을 갖자, 목표 의식과 배려의 마음을 갖자, 대학생활을 착실히 하자, 자격증 준비를 잘하자, 영어 공부 잘하자, 면접 준비 잘하자, 학점 관리 잘하자, 아침 시간을 잘 활용하자, 능력을 키우자, 계획을 세워 살자, 효율적인 공부를 하자, 세계 3대 레저 의류회사 탐방, 세계 일주, 미래의 모습 상상, 예의 바른 생활을 하자, 배려하는 삶을 살자, 인성을 키우자, 약속을 잘 지키자.

의견 분류하기

○ 꾸준한 운동을 해야 한다, 자기관리를 잘해야 한다, 충분한 수면을 취해야 한다, 건강한 생활습관을 들이자.

□ 자소서를 잘 쓰도록 준비하자, 뛰어난 작품을 만들자, 유튜브 조회 수 1000만 달성한다, 쇼팽 콩쿠르서 우승한다, 봉사활동 많이 하자.

◇ 끈기를 가지자, 노력을 많이 하자, 굳센 의지를 갖자, 동기부여를 잘하자, 성실한 삶을 살자, 자신감을 갖자, 목표 의식과 배려의 마음을 갖자.

☆ 대학생활을 착실히 하자, 자격증 준비를 잘하자, 영어 공부 잘하자, 면접 준비 잘하자, 학점 관리 잘하자.

♡ 아침 시간을 잘 활용하자, 능력을 키우자, 계획을 세워 살자, 효율적인 공부를 하자.

※ 세계 3대 레저 의류회사 탐방, 세계 일주, 미래의 모습 상상.

$ 예의 바른 생활을 하자, 배려하는 삶을 살자, 인성을 키우자, 약속을 잘 지키자.

이름 짓기

○ – 헬스

□ – 업적

◇ – 성공한 사람

☆ – 스펙

♡ – 시간 활용

※ – 망상

$ – 인격

마무리

함께 읽고 공감대화로 마무리한다.

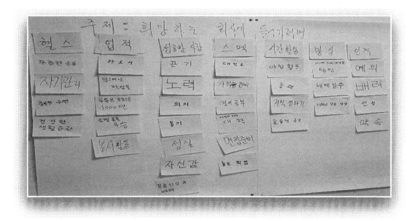

주제 8: 온라인 퍼실리테이터의 역량과 역할은 무엇일까?

생각 이끌어내기

비대면 시대를 맞이하면서 온라인 퍼실리테이션이 보편화되고 있다. 온라인에서 퍼실리테이션을 진행할 때 필요한 퍼실리테이터의 역량과 역할은 무엇일까?

의견 모으기

나침판, 소통, 성찰, 깨어 있는 공감하고 촉진, 서로서로의 공유, 잠재력을 꺼내는 사람, 깨어나게 하는 사람, 협력적인 세상으로의 진화를 돕는 사람, 에너지를 만드는, 사람과 사람을 연결, 활력 유지, 재미있는 영상 준비, 온라인 간식, 온라인 도구 사용에 익숙해지기, 줌 활용 잘하기, 미트 활용하기, Keep, 실시간 공유할 수 있는 도구로 의견을 모으기, 쉬는 시간이 충분하게 필요, 참여자들의 의견을 한 곳에 모은다, 비참여자들의 배려, 적절한 도구 활용.

의견 분류하기

소통, 깨어 있는, 공감하고 촉진, 서로서로의 공유, 사람과 사람을 연결, 활력.

* 성찰, 잠재력을 꺼내는 사람, 깨어나게 하는 사람, 협력적인 세상으로의 진화를 돕는 사람, 에너지를 만드는, 나침판.

$ 재미있는 영상 준비, 온라인 도구 사용에 익숙해지기, 줌 활용 잘하기, 미트 활용하기, Keep 활용, 실시간 공유할 수 있는 도구로 의견을 모으기, 적절한 도구 활용, 비참여자들의 배려, 참여자들을 의견을 한 곳에 모은다.

! 쉬는 시간이 충분하게 필요, 간식.

이름 짓기

온공(온라인 공감) $ 온도(온라인 도사)

! 입즐(입도 눈도 귀도 즐겁게)   * 원세 (원원세상)

마무리

이름을 함께 읽고 "온라인 퍼실리테이션으로 가즈아!"

※ 공감대화와 창의대화 비교52)

	공감대화	창의대화
특징	• 과거 사건이나 경험, 이미 일어난 사실로부터 시작한다. • 더 큰 패턴을 밝힐 수도 있고 그렇지 않을 수도 있다. • 현상을 파악하고 깊은 의미를 탐색한다. • 주제에 대한 심도 깊은 탐구를 한다. • 비공식적으로 사용할 수 있다. • 프로세스가 비가시적이다.	• 사람들의 아이디어를 이끌어내는 개방형 질문으로 시작한다. • 더 큰 패턴을 밝히기 위한 것이다. • 새로운 통찰을 위해 아이디어들을 묶는다. • 이미 존재하는 합의를 명확히 한다. • 시작할 때 질문에 대한 모든 정보와 관점을 끌어내고 이것을 계속 기록한다. • 군집화 과정을 통해서 다양하고 상반되는 아이디어들 간의 관계가 시각적으로 연결되게 한다.
혼자 쓰일 때	• 주제를 두루 살피면서 전체 그림을 보려고 할 때 • 문서/프레젠테이션을 검토할 때 • 사건을 성찰할 때 • 민감한 주제를 토의할 때 • 넓은 범위의 주제에 대해 토의할 때 • 반드시 합의를 이룰 필요는 없지만 탐색이 필요할 때 • 사건이나 주제에 대한 다른 관점을 탐색하거나 이를 통합하고 싶을 때	• 다수의 상이한 아이디어를 Brainstorming 하려고 할 때 • 주제에 대해 다른 관점을 가진 사람들이 참석했을 때 • 큰 주제에 합리성이나 합의를 부여하고자 할 때 • 사람들의 창의성을 자극하기 위해 • 이미 알려진 답 이상의 것을 얻고 싶을 때 • 범위가 정해진 하나의 핵심 주제에 대해
같이 쓰는 방법	• 창의대화의 상황을 분명히 한다. • 창의대화의 결과를 평가하거나 우선순위를 설정할 때 사용할 수 있다. • 창의대화 결과를 함께 정리할 때 사용할 수 있다. • 창의대화의 경험을 평가할 때 사용할 수 있다.	• 공감대화에서 여러 가지 대안들을 생각할 때 사용할 수 있다. • 공감대화의 이해, 결심 단계에서 사용될 수 있다.

3. 이미지 바꾸기(Image Change)

미국 심리학의 아버지라 불리는 '윌리엄 제임스'는 이렇게 말했다. "금세기 위대한 발견은 물리학 분야나 과학 분야, 공장을 짓고 우주 공간에 로켓을 쏘아 올리는 분야가 아닙니다. '사람이 생각을 바꿀 때 그 사람의 인생 전체가 바뀐다'는 것을 알았다는 것입니다."

생각이 바뀌면 행동이 바뀌고, 행동이 바뀌면 습관이 바뀌고, 습관이 바뀌면 인격이 바뀌며, 인격이 바뀌면 운명이 바뀐다. 생각의 변화가 가져오는 놀라운 인생의 변화를 말하고 있다.

로저 배니스터는 1마일을 3분대에 달리는 것이 불가능하다고 여겼던 당시 통념을 깼다. 배니스터가 4분 벽을 깨고 난 후 불과 한 달 만에 10명이, 1년 후엔 37명이 4분 벽을 넘었다.

스포츠 학자들은 이처럼 인식의 틀이 바뀌어 결과가 달라진 현상을 두고 그의 이름을 따 '배니스터 효과'라고 부른다. 한계를 정하는 것은 생각이다. 자신을 규정하는 이미지에 따라 그 사람의 역량과 삶의 질이 결정된다.

생각이 변해서 심리적 장벽을 허물고 행동으로 나아갔다. 심리적 장벽 즉 이미지의 변화가 행동의 변화를 가져왔다. 반복적으로 메시지를 듣게 되면 생각의 변화를 가져오고 신념이 변화되면 마음에 변화된 이미지가 형성 된다. 형성된 이미지는 행동을 규정한다. 메시지는 신념을 신념은 이미지를 형성한다. 이미지는 생각에 의해 변화할 수 있으며, 변화된 이미지는 행동을 변화시킨다.

우리의 행동을 좌우하는 것은 바로 그 이미지이며, 이미지는 생각의 습관, 신념에 의해 결정된다. 모든 사람은 자신에 대한 다양한 이미지를 가지고 있으며, 그 이미지를 따라 행동한다. 자신에 대한 생각의 변화가 이미지를 바꾸고, 변화된 이미지가 행동을 새롭게 하고, 변화된 인생을 살게 한다.

이미지는 그 이미지를 소유한 사람이 과거에 겪은 모든 경험의 산물로부터 형성된다. 태어나는 순간 또는 그 이전부터 끊임없는 메시지의 강물이 감각을 통해 유기체로 흘러들어 온다. 메시지가 도달할 때마다 그 메시지에 의해 우리의 이미지는 조금씩 변화하고 이미지가 변화함에 따라 그에 반응해 우리의 행동 패턴도 변화한다. 메시지의 중요성은 그것이 이미지의 변화를 가져오는 데에 있다.

이미지 바꾸기(IC) 과정

1. 현재의 모습(행동)은 어떤가?
2. 현재 이미지를 표현한다면 어떤 이미지인가?
3. 현재 자신의 가치, 신념은 무엇인가?
4. 가치, 신념에 영향을 준 메시지와 경험은 무엇인가?
5. 원하는 모습(목표)은 무엇인가?

6. 새로운 이미지는 어떤 것인가?
7. 새로운 가치와 신념은 무엇인가?
8. 변화를 위한 새로운 메시지와 활동은 무엇인가?

이미지 바꾸기 프로세스

1	현재의 모습 :	5	변화된 모습 :
2	현재의 이미지 :	6	새로운 이미지 :
3	현재의 가치, 신념 :	7	새로운 가치, 신념 :
4	과거와 현재의 경험, 메시지 :	8	새로운 메시지, 활동 :

꿈을 이루기 위한 이미지 바꾸기 - 샘플

1	현재의 모습 : 잠시도 쉬지 않고 눈만 뜨면 게임하고 있다. 게임 중독자.
2	현재 이미지 : 반지의 제왕의 골룸(게임에 찌들어 있는 나와 닮음)
3	현재의 가치, 신념 : 게임은 나의 즐거움.
4	과거와 현재의 경험, 메시지: 게임으로 친구와 만나고, 게임이 제일 재미있고, 24시간 스마트폰을 손에 쥐고 살아간다.
5	변화된 모습: 10년 후 애견샵 운영하는 사장이다.
6	새로운 이미지: 박서준 닮은 젠틀맨.
7	새로운 가치, 신념 : 동물을 사랑하는 나.
8	새로운 메시지: 대한민국 최대의 애견샵 운영. 꿈을 위해 아자~~아자~~. 박서준처럼 멋있는 사람!

미래 중학교 2학년 분위기 좋은 반 만들기 - 샘플

1	현재 우리 반의 모습: 수업 시간 소리 지르고, 쉬는 시간 전쟁터다. 욕설이 난무하다. 수업 시간은 학원 숙제, 잠자는 시간.
2	현재 우리 반을 표현할 수 있는 이미지: 광화문 광장.
3	현재 우리 반의 가치, 신념: 내가 왕이다.
4	과거와 현재의 경험, 메시지: 생각 없이 수업 시간, 쉬는 시간 소리 지르고, 말할 때마다 욕이 줄줄줄 나온다. 선생님 말씀 잘 안 듣는다. 잠시도 가만히 못 있고 일어서서 돌아다닌다.
5	변화된 모습: 행복한 3반 교실.
6	새로운 이미지: 귀여운 골든리트리버 강아지.
7	새로운 가치, 신념: 배려하자, 우리는 친구.
8	새로운 메시지: 정신 차리자, 배려하고, 인내하자. 소리 지르지 말자, 선생님께 깝치지 말자.

화목한 가정 만들기 위한 이미지 바꾸기 - 샘플

1	현재의 모습 : 5명의 가족(40대 부모, 고2, 중3, 초5) 모두 스마트폰 들고 각자 좋아하는 것을 한다. 대화가 없다. 소통이 안 된다. 외롭다.
2	현재의 이미지 : 깊은 산속 외딴 절.
3	현재의 가치, 신념 : 게임이 좋아, 인생은 재미야.
4	과거와 현재의 경험, 메시지: 가끔 대화의 시간이 있었지만 말이 통하지 않았다. 대화가 아니라 잔소리와 다툼으로 끝났다. 스마트폰에 재미있는 것들이 너무 많다. 다툼보단 스마트폰으로 재미있는 시간을 보내는 것이 좋다.

5	변화된 모습 : 가족 모두 둘러 앉아 웃으며 이야기하며 함께 여행을 가는 가정.
6	새로운 이미지: 웃음과 수다로 빛나는 해 뜨는 집.
7	새로운 가치, 신념 : 우리는 소중한 가족, 사랑이 최고.
8	새로운 메시지 : 가족은 누구보다 소중해, 우린 서로 사랑하고 있어. '사랑해~', '감사합니다' 등 표현하자, 경청하고 관심을 가지자.

축구부 동아리 우승을 위한 이미지 바꾸기 - 샘플

1	현재의 모습: 게임에 나가면 항상 하위권에 머무는 축구 동아리.
2	현재의 이미지 : 가을 논의 고개 숙인 벼들.
3	현재의 가치, 신념 : 만년 꼴찌구나. 우리 팀이 그렇지 뭐~
4	과거와 현재의 경험, 메시지: 경기장에 나가면 긴장하여 제 실력을 발휘하지 못함. 강팀을 초반에 만나 조기에 탈락을 많이 함. 패배에 익숙해짐.
5	변화된 모습: 패기가 넘치는 최강 축구 동아리. 상대팀이 부담스러워하는 동아리.
6	새로운 이미지: 손흥민 선수 골 세레모니
7	새로운 가치, 신념 : 훈련은 배신하지 않는다. 승리할 수 있다.
8	새로운 메시지: 우린 하나다, 이제 우리가 우승할 차례, 적에게 메시가 있다면 우리에겐 손능력이 있다, 30분 더 훈련이 우승을 앞당긴다, 꿈에서도 축구하자, 승리 인터뷰 미리 준비하자.

수능 1등급을 향한 이미지 바꾸기 - 샘플

1	현재의 모습: 내신 4~5등급 왔다 갔다, 학원 열심히 다닌다, 힘들다.
2	현재의 이미지: 손수레에 짐을 잔뜩 싣고 언덕 오르는 할아버지.
3	현재의 가치, 신념: 등급에 맞춰 대학 가지 뭐.
4	과거와 현재의 경험, 메시지: 몇 개의 학원을 옮겨 다녔다, 성적이 오르지 않았다, 내 실력이 여기까지인가 보다, 공부는 대충하고 틈만 나면 게임과 SNS를 즐긴다.
5	변화된 모습: 3년 후 대학 입학식에 서 있는 자랑스러운 나.
6	새로운 이미지: 머리띠 하고 삽질하는 인간 (물이 나올 때까지 우물 파는 사람)
7	새로운 가치, 신념: 성공은 노력의 어머니, 난 할 수 있다.
8	새로운 메시지: 다시 하는 거야, 할 수 있다, 소신에게는 아직 2년의 시간이 남아 있나이다!, 게임과 SNS 조금만 줄이자, 잘 먹되 잠은 3년 후 몰아서 한꺼번에 자자.

4. 실행계획 세우기

원하는 목표와 사업 계획을 달성하기 위해 '언제까지' '무엇을' '어떻게 할 것인가'를 결정하고 이것을 자신이나 멤버와 함께 공유하여, 진행 상황을 파악함으로써 목표 달성까지의 과정을 명확히 하는 것이 실행계획 세우기이다.

실행계획 과정

순서	과 정		내 용
1	프로젝트 계획		계획의 명칭을 적는다.
2	환경 분석	강점	현시점에서 이 계획을 실행하는 데 있어서 강점을 적는다.
3		약점	현시점에서 이 계획을 실행하는 데 있어서 약점을 적는다.
4		이익	이 계획을 실행하는 미래의 이익을 적는다.
5		위험	이 계획을 실행하는 미래의 위험을 적는다.
6	가능한 성과		이점과 한계를 인지한 상태에서 가능한 성과를 브레인스토밍 한다.
7	측정 가능한 성과		다른 것을 촉진하고, 현실적인, 큰 영향을 미칠, 사명감과 행동을 고취하는 사항을 고려하여 측정 가능한 성과를 까지(날짜) 완수한다.
8	구체적 행동들		위의 측정 가능한 성과를 달성하는 데 필요한 구체적인 행동 목록을 적고, 군집화 하여, 우선순위를 정한다.
9	이미지/슬로건		행동 계획에 동기를 부여하는 이미지나 슬로건을 만든다.
10	행동 일정표		일정표 위에 시간 구획을 나누고 그 위에 시간 구획에 따라 적합한 행동을 기입한다.
11	실행팀		행동 계획 실행의 책임자를 정하고 이름을 적는다.
12	비용		행동 계획을 실행하는 데 드는 비용(기간, 자금)을 적는다.

5. 퍼실리테이션 코칭

히딩크는 한국인들에게 위대한 코치로 기억되고 있다. 히딩크가 있었기에 박지성이 탄생했고, 한국 축구가 세계로 발돋움할 수 있었다.

코치의 중요성이 부각되면서, 한국의 스포츠계는 물론이고, 다른 여러 분야에서도 코치의 가치와 역할이 중요해지면서, 좋은 코치를 존경하고 모시려는 환경이 조성되기도 했다.

코칭

코칭은 개인이나 집단을 현재 있는 지점에서 그들이 원하는 지점으로 갈 수 있도록 인도하는 기술이자 행위이다.

코칭은 사람들이 자신의 비전을 확장하고 자신감을 갖고 잠재력과 기술을 개발하고 목표를 향해 실천적인 발걸음을 내디딜 수 있도록 돕는다.

코칭은 개인에게 강력한 동기를 부여하여 스스로 문제를 발견하고 해결하며, 행복한 미래를 설계하고 행동하도록 책임지고 지원해 주는 시스템이다.

코치는 코치이의 옆에서 경청하고 관찰하며 지지하고 격려함으로써 코치이 스스로가 전략과 해결책을 찾도록 자극을 준다.

1) 공감대화 모델

현실 파악	어떤 일이 일어났는가? 당신이 세운 목표는 무엇인가? 이야기 하고 싶은 특정한 문제나 어려움은 무엇인가? 당신의 역할은 어떤 것인가?
현실에 대한 반응	지금 업무에 대해 어떻게 느끼는가? 당신의 기분은? 흥분 / 좌절? 무엇이 잘 되어 가는가? 어려운 점은? 성공한 적은 언제인가?
해결 방안	돌파구가 필요한 곳은 어디인가? 당신이 전진하기 위해 무엇이 더 필요한가? 프로젝트의 진전을 위해 무엇이 더 필요한가?
결심 행동	이제 무엇을 할 계획인가? 당신이 취해야 할 핵심적인 행동 3가지는? 당신에게 필요한 자원은 무엇인가?

공감대화 모델 - 샘플(초 5학년 은수의 꿈)

현실 파악	지금은 초등학교 5학년. 장래 희망은 카페 사장(커피).
현실에 대한 반응	꿈을 생각하면 멋있다, 나만의 방법으로 만든 커피와 디저트를 보여 주고 싶다, 빨리 이루고 싶다, 설렌다.
해결 방안	지금은 방과 후 동아리를 통해 제빵에 대해 배운다, 고등학교 가서는 바리스타 자격증과 제빵사 자격증을 취득한다, 이를 위해 열심히 공부하고 유튜브 영상을 참고한다.
결심 행동	인터넷을 통해 꿈 관련 자료를 찾아본다, 유명한 카페를 찾아가 본다, 빵을 자주 만들어 본다.

2) 강점활용 모델

1 단계	강점 찾기	자신에 대해 잘 아는 주변 사람들에게 강점과 긍정적 피드백을 받아 검토한다.	내가 생각하는 나의 강점
			타인이 생각하는 나의 강점
			나의 해석
2 단계	강점 분석	수집된 긍정적 피드백 내용을 검토하여 주제별 강점을 분류한다.	공통 주제:
			가능한 해석:
3 단계	Self Image 작성	분류된 강점을 바탕으로 자신에 대한 긍정 이미지를 2~4개 문단으로 작성한다.	이미지 표현
			이미지 기술(문장)
			비전
4 단계	비전 실행 계획 수립	강점을 기반으로 비전 달성 계획을 수립하고 실천한다.	변화 영역
			구체적 실천 행동
			목표/일정

강점 활용 모델 - 샘플 (꿈이 없는 중3)

1단계	강점 찾기	내가 생각하는 나의 강점: 밝은 성격, 책임감, 열심히 노력, 운동, 게임…….
		타인이 생각하는 나의 강점: 손재주가 좋다, 착하다, 섬세하다, 수학 잘한다, 인사를 잘한다, 잘 생겼다, 애교가 많다, 신중하다. …….
		나의 해석: 생각보다 인간성이 좋다, 나도 잘하는 것이 있네.

2단계	강점 분석	공통주제: 사교성 좋다, 성실하다.
		가능한 해석: 기본 인성은 좋으니 실력을 키우자.
3단계	Self Image 작성	이미지 표현: 개미-모든 일에 열심
		이미지 기술(문장): 나는 모든 일에 열심히 최선을 다하는 사람이다, 나는 꼭 성공한다.
		비전: 사회에서 인정받는 유능한 사람.
4단계	비전 실행 계획 수립	변화 영역: 집중력이 떨어질 때 인내하자, 새로운 것에 대해 도전하자, 강점과 연관된 직업을 찾자.
		구체적 실천 행동: 스마트폰 줄이고 진로 탐색을 위한 독서 시간 늘리자, 오늘 일을 내일로 미루지 말자, 우선순위를 정하자.
		목표/일정: 오늘부터~~~

3) 이미지 바꾸기 모델

1	현재의 모습:	5	새로운 목표:
2	현재 이미지:	6	목표에 대한 이미지:
3	현재 가치, 신념:	7	새로운 가치, 신념:
4	과거와 현재의 경험, 메시지:	8	새로운 방법:

이미지 바꾸기 모델 - 샘플(직장과 가사로 지친 엄마)

1	현재의 모습: 삶이 피곤하다, 지친다, 활력이 없다.
2	현재 이미지: 바람 빠진 고무풍선.
3	현재 가치, 신념: 인생은 피곤해.
4	과거와 현재의 경험, 메시지: 코로나로 경제적으로 힘들다, 사람을 만나는 것이 힘들다, 외출을 못한다.
5	새로운 목표: 활기찬 생활을 한다.
6	목표에 대한 이미지: 하늘을 떠다니는 풍선.
7	새로운 가치, 신념: 나는 행복을 선택했어.
8	새로운 방법: 홈 피트니스를 한다, 화상통화를 한다, 유쾌한 영상을 찾아서 본다, 온라인으로 비대면 활용 기술을 배운다.

6. 퍼실리테이션 갈등 관리

갈등 관리는 일반적으로 목표를 설정하고 그것을 효과적으로 달성하기 위하여 조직 활동을 합리적으로 체계화하는 행동 과정을 의미하는 과정적 개념으로 정의된다.

따라서 갈등 관리 역시 갈등의 효과성을 제고하기 위한 활동으로 정의할 수 있다.

1) 공감대화 모델

사실 확인	무슨 일이 일어났는가? 그 일에 관여한 사람들은 누구인가? 무슨 말들이 오고 갔는가?
반응	그 일에 나의 기분은? 그 일에 상대방의 기분은?
이해	이 일이 왜 일어났는가? 이 일을 상대방의 입장에서 생각을 한다면? 이 일을 방치한다면 어떤 결과가 나타날 것인가? 이 일의 최선의 결과는 무엇이라 생각하는가?
결심 행동	최선의 결과를 얻기 위해 우리가 결단해야 할 것은 무엇인가?

공감대화 모델 - 샘플(중3 오빠와 초5 여동생)

사실 확인	오빠의 잔소리, 만들기 하고 나서 정리 안 한 동생을 향해 계속 잔소리하는 오빠, 어제 방 청소 안 한 일도 들쳐 냄, 저녁 먹는 시간에도 잔소리. 동생: 오빠 그만해!!
반응	짜증내는 오빠, 오빠 잔소리에 기분 나쁜 동생.
이해	동생 정리 안 한 일에서 시작. 오빠: 정리 안 한 동생 입장, 다른 일에 깜빡 잊음, 그럴 수 있지. 동생: 어지러워진 방 보면 오빠도 그럴 수 있겠구나, 오빠 잔 소리에 곧 미안하다 반응할 걸.
결심 행동	오빠: 잔소리해서 기분 나쁘게 한 것 미안해. 동생: 다음에는 정리 잘 할게.

2) 퍼실리테이션 태도 변화 모델

갈등 상황: 객관적 사실 확인 (사태 그 자체)

1	상황에 대한 나의 느낌, 좌절은? 상황에 대한 나의 감정은? 나는 무엇 때문에 좌절하는가?	상황에 대한 상대방의 느낌, 좌절은? 상황에 대한 상대방의 감정은? 상대방은 무엇 때문에 좌절하는가?
2	해결을 방해하는 나의 신념은? 전체 상황을 더 힘들게 하는 나의 신념은 무엇인가?	해결을 방해하는 상대의 신념은? 전체 상황을 더 힘들게 하는 상대의 신념은 무엇인가?
3	win-lose 내가 만족을 얻을 때 상대는 어떻게 되는가?	lose-win 상대가 만족을 얻을 때 나는 어떻게 되는가?
4	win-win 어떻게 하면 서로 만족할 수 있는가?	
5	상황을 변화시키기 위해 내가 할 것은 무엇인가?	
6	내 태도는 어떻게 변화되었는가?	

태도 변화 모델 - 샘플 (동생입장)

갈등 상황:
오빠의 잔소리.
만들기 하고 나서 정리 안 한 동생을 향해 계속 잔소리하는 오빠.
어제 방 청소 안 한 일도 들쳐 냄. 저녁 먹는 시간에도 잔소리.
동생: 오빠 그만해!! 꼰대.
집안 분위기 급랭

1	오빠 잔소리에 짜증난다. 화가 난다.	화를 내고, 짜증내는 오빠.
2	정리는 귀찮으니 나중에 하지 뭐.	집안은 정리정돈 되어 있어야 해.
3	오빠의 잔소리를 계속 무시하는 거야. 그럼 오빠는 더 열받겠지.	오빠가 하라는 대로 하면 오빠는 승리감에 기분 으쓱하겠지. 하지만 나는 정말 피곤할거야. 기분은 계속 엉망이고.
4	나의 기분 나쁜 감정이 풀리고 오빠의 짜증도 해소 되면 좋겠네.	
5	어지러워진 방 정리하고, 오빠에게 다음에는 정리 잘 할게, 오빠도 어제 일까지 들쳐 내 잔소리 한 것 사과해.	
6	내가 제때 정리하는 습관을 가져야겠다.	

Part 4

청소년 퍼실리테이션 실행

Part 4에서는 성공적인 퍼실리테이션을 위한 퍼실리테이션 기획 및 설계하기, 참여 분위기 조성하기, 퍼실리테이션 진행하기, 퍼실리테이션 진행상의 장애물을 파악하고 관리하기, 퍼실리테이션 실시 후 평가하기를 소개한다.

1. 청소년 퍼실리테이션 기획 및 설계

모든 일은 만남에서 시작이 된다. 퍼실리테이션 역시 고객과의 만남으로 시작되는데 어떤 만남이든 첫 인상이 중요하다. 첫 만남 시간에 고객으로 하여금 퍼실리테이터에 대한 확신과 긍정적 이미지를 심어 주어야 한다. 필요성을 강하게 고객에게 심어 줌으로 퍼실리테이션의 기획은 시작이 된다.

기획에 있어서 5P를 먼저 염두에 두어야 한다. 5P는 목적(Purpose), 참여자(People), 장소(Place), 프로세스(Process), 결과물(Product)이다.

목적(Purpose)

모든 기획에 있어서 목적이 가장 우선시 되는 것처럼 퍼실리테이션 또한 무엇보다 먼저 목적을 중요하게 파악해야 한다. 목적에 따라서 이를 달성하기 위한 전체적인 구조나 방향이 달라지기 때문이다.

참여자(People)

참여자가 어떤 사람들이냐에 따라 퍼실리테이션 도구의 사용과 해결 방법이 달라진다. 또한 참여자의 특성에 따라 동일한 주제라 하더라도 결과물이 다르게 나타난다. 참여자에 대한 사전 정보가 반드시 필요하다.

장소(Place)

장소에 따라 진행의 과정, 도구의 사용이 결정이 되며, 참여자의 참여도 또한 영향을 미친다. 무엇보다 퍼실리테이션 진행에 필요한 장비들이 잘 준비되어 있는지도 확인해야 한다.

프로세스(Process)

진행 과정은 목적을 잘 달성하기 위해 다양한 요소와 자원들을 어떤 방법과 절차로 진행할 것인지, 시간 배분은 어떻게 할 것인지, 어 떤 기법과 양식을 사용할 것인지 등에 대해 총괄적으로 다루는 영역 이다.

결과물(Product)

결과물이란 퍼실리테이션을 진행한 후 최종적으로 만들어진 산출 물을 말한다. 결과물은 참여자뿐만 아니라 의뢰자도 충족을 시켜야 좋 은 결과물이라 할 수 있다.

5P를 바탕으로 구체적인 워크숍 설계를 시작해야 한다. 설계에는 크게 3단계로 구분해서 계획을 한다. 도입 단계, 진행 단계, 마무리 단계이다.

1) 기획

목표설정

사전인터뷰

- 요청 기관: 기관명, 대표자, 주소, 홈페이지, 담당자, 연락처.
- 요청 내용: 목적, 주제, 제안 이유.
- 워크숍 개요: 일정, 사전 미팅, 참여 인원, 장소, 시간, 지원 물 품, 예산.
- 조직 진단: 퍼실리테이션 경험, 현황, 이슈, 문제점, 결과물, 사 전 질문지.

기획서 작성

<예시>

작성자		권○○	작성일	2019년 3월 20일
요청기관	기관명	○○중학교	대표자	○○교장 선생님
	주소	서울시 ○○구	홈페이지	○○○. sen.ms.kr/
	담당자	○○선생님	부서	행정지원실
	연락처	010-	이메일	young21@○○○

요청내용	목적	학생들이 서로 소통을 잘하여 학교 폭력이 없는 학교.
	주제	즐거운 학교생활.
	제안이유	학생들 사이의 왕따 및 학교 폭력을 예방하기 위해.

워크숍개요	일정	2019. 7.8	참여자 인원	1학년 224명 9학급 / 각반 24명	장소	각 반
	시간	45분/ 4교시	지원 물품	칠판, 보드 펜, 전지, 포스트잇, A4용지.	예산	400 만원
	사전 미팅	1차	4월 15일	2차	5월 20일	3차	6월 30일

조직진단	퍼실리테이션 경험	없음.
	최근 이슈	타 학교의 왕따 및 학교 폭력의 뉴스 기사 발표.
	문제점	드러나지 않은 학생들 사이의 갈등.
	결과물	퍼실리테이션을 통해 학생들이 서로 이해하고 좋은 친구 되기.

2) 워크숍 설계

퍼실리테이션 주제별 설계
- 미션 및 비전 수립
- 전략 수립
- 창의 개발
- 문제 및 갈등 해결

진행 프로세스
- 도입 단계: 주제, 토의, 목적 공유, 진행자 소개, 참여자들 상호 소개, 활동 원칙, 역할 배분, 아이스브레이크.
- 진행 단계
① 확산 과정: 워크숍 절차, 활동 및 기법 설계.
② 질문: 긍정 질문, 확산 질문, 미래 질문을 작성한다.
③ 경청의 자세를 점검한다.
④ 기록: 어떻게 기록할지, 어디에 기록할지, 누가 기록할지를 계획.
⑤ 관찰: 참여자들의 특성을 염두에 두고 진행시 장애물을 예측하고 대비함.
⑥ 분위기가 가라앉을 때 사용할 스팟 준비.
⑦ 확산 과정 기법: 브레인스토밍 계열, 브레인라이팅 계열.
⑧ 분류/분석 과정 기법: 친화도, 순서도, 창의대화, IC, 피쉬본, 로직트리 등.
⑨ 의사 결정 기법: 동의척도, 주먹에서 보, 다중투표, 의사 결정표, 중요/만족도 메트리스 등.
- 마무리 단계: 공감대화.

청소년 퍼실리테이션 진행 계획서

<예시>

목적	학생들이 소통을 잘하여 왕따 및 학교 폭력을 예방한다.			
주제	즐거운 학교생활을 위한 퍼실리테이션			
목표	1. 친구의 중요성을 안다. 2. 친구와 소통하는 방법을 배운다. 3. 친구를 이해하며 사랑하는 마음을 갖는다.			
진행프로세스	도입단계	주제 설명		
		퍼실리테이터 소개		
		아이스브레이크		
		규칙 정하기		
	진행단계	1교시 공감대화	준비물: 보드 마커, A4, 스카치테이프, 5가지 전제 붙여 놓기	
		2교시 이미지 바꾸기	필기도구, 색칠 도구	
		3교시 창의대화	A4, 보드 마커, 포스트잇	
		4교시 비전트리	전지, 색칠 도구, 매직, 설문지	
	마무리	공감대화	5분 이내 학생들 피드백	
평가	다음 워크숍을 위해 보완해야 할 것들은?			

3) 환경조성

장소 선정
- 크기: 참여 인원의 2-3배 정도

좌석
- 테이블 당 6-8명, 원형, 사각형, ㄷ자형

설치물
- 진행표
- 워크숍 규칙
- 산출물 붙일 벽
- 프로젝트
- 방송/음향시설

준비물
- 이젤패드, 스탠드
- 포스트잇
- 보드 마커
- A4 용지, 필기도구
- 그 외

2. 참여 분위기 조성(활력-스팟 기법 설명)

워크숍을 진행할 때 활력은 매우 중요하다. 조직에서의 활력에 대해 Vicenzi와 Adkins(2000)는 '조직 내 구성원들의 성장과 발달을 지원하며, 조직의 집단적 과업을 촉진하고, 창의성과 혁신을 증대시키는 긍정 에너지'로 정의하였다.[53]

워크숍에서도 진행을 촉진시키고 창의적인 아이디어를 발산하게 하며, 워크숍의 목적을 향해 나아가도록 하는 긍정적 에너지이다.

워크숍 진행에서 여러 요인으로 에너지가 떨어지고 분위기가 가라앉을 수 있다. 이때 퍼실리테이터는 분위기를 쇄신하고, 참여자들에게 생기를 불어넣어 주는 방법을 사용해야 하는데 이것을 스팟이라 부른다. 스팟의 활용은 도입 단계, 진행 단계, 마무리 단계 등 어느 단계에서든 참여자들을 관찰하여 분위기 전환이 필요할 때 사용하면 좋다.

스팟의 종류는 다양하다. 퍼실리테이터가 미리 참여자, 장소, 주제에 따라 적절하게 준비를 하면 된다.

1) 퍼실리테이터 중심 스팟

가위바위보

퍼실리테이터가 참여자 전체를 대상으로 가위바위보를 한다. 반복해서 가위바위보를 해서 퍼실리테이터를 이긴 사람만 계속 남아서 마지막 퍼실리테이터를 이긴 사람에게 상을 준다.

텔레파시 게임

퍼실리테이터가 임의의 두 단어를 보여 준다. 예를 들면 수박/참외, 김치찌개/된장찌개, 여름/겨울…… 그리고 나서 퍼실리테이터와 동시에 참여자들이 한 단어를 외친다. 퍼실리테이터와 같은 단어를 외친 사람이 텔레파시가 통한 사람으로 반복해서 진행을 해서 마지막 한 사람에게 상을 준다.

빙고 게임

25칸이 그려진 용지를 참여자들에게 나눠주고 주제별 목록을 적게 한다. 예를 들면 과일 이름, 과자 이름, 연예인 이름 등등. 그리고 참여자가 한 사람씩 돌아가면서 자신이 기록한 목록의 이름을 불러서 가로, 세로, 대각선 3줄 또는 5줄을 먼저 맞춘 사람에게 상을 준다.

초성 게임

사자성어, 속담, 과자 이름, 아이스크림 이름의 초성만 적어서 보여 주고 맞춘 사람에게 상을 준다.

네 글자 이름 짓기

자신을 소개할 때 사용하는 방법으로 자신의 이름 앞, 뒤, 중간에 글자를 넣어 작명하는 것이다. 예를 들면 박철수를 대박철수, 박철수박, 박수철수, 박철수해…….

자신을 소개하기

① 교육 장소로 오는 도중에 가장 인상에 남았거나, 교육 장소로 오는 도중에 계속 머리에서 떠나지 않았던 생각을 소개하는 방법이다.

② 자신을 가장 잘 나타내는 단어 혹은 명사를 들어 자신을 소개하는 방식이다.

③ 바닥에 깔린 사진이나 그림 혹은 엽서 중에서 한 장을 골라 자기 자신, 현재 자신의 심리 상태 혹은 남들이 평가하는 자신이라고 소개하는 그림 사용법이다.

자화상 그리기

1분 안에 자신의 얼굴을 그리게 한다. 이모티콘으로 자신을 표현하게 한다. 그리고 발표한다.

옆 사람을 인터뷰하여 소개하기

① 파트너 소개 인터뷰

당신의 이름은?

별명이 있나요? 이유는?

캠프에서 기대하는 것은?

당신과 닮은 연예인은?

당신이 잘하는 것은?

당신이 인생에서 가장 행복하다고 느꼈을 때는?

당신 주변에 칭찬해 주고 싶은 사람은? 그 이유는?

당신에게 기적이 일어난다면 어떤 기적이 일어나길 원하는가?

"나의 파트너 ○○○님은 _____한 사람입니다."

② 옆 사람을 인터뷰한 뒤 마치 물건인 양 '생산년도, 생산지, 물건의 특성' 등을 소개하는 홈쇼핑 게임이다.

③ 전지 두 장을 길이 방향으로 길게 이어 붙인 뒤 그 위에 파트너를 누이고, 매직펜으로 그 사람의 윤곽을 따라 그린다. 그리고 그 그림의 내면과 외면을 다양한 소개의 글로 채워 넣는다. 예를 들어, 머리는 어떤 생각으로 차 있고, 가슴은 무엇에 대한 열정으로 뜨거우며, 손은 무엇 하기를 좋아하고, 발은 어디를 향하고 있다. 이 작업이 끝나면 전체로 모여 소개하기이다.

다양한 이름 외우기 게임

① 이중 원을 만든 뒤 안의 원과 밖의 원이 서로 반대방향으로 돌며 자기소개, 사귐, 이름을 외우는 게임이다.

② 큰 원으로 둘러 선 뒤 한 사람이 자신의 이름을 댄다. 그 다음 사람은 우선 옆 사람의 이름을 대고 자신의 이름을 댄다.(예: 누구 옆에 누구입니다.) 그 다음 사람은 앞선 두 명의 이름을 반복한 뒤 자신의 이름을 소개한다. 이런 방식으로 계속 진행한다.

③ 큰 원으로 둘러앉는다. 우선 전체가 자신을 소개한다. 이 때 모두는 가능하면 많은 사람의 이름을 외우도록 노력한다. 전체 소개가 끝나고 나면 손에 공을(이 때의 공은 작고 가벼우며 잘 튀는 것이어야 한다) 들고 있는 사람이 또 다른 사람, 즉 자기가 이름을 기억하는 사람에게 공을 튀겨서 넘겨주며 "아무개 씨 받으세요!"라고 외친다. 이런 방식으로 계속해서 공을 튀겨 넘겨주는 공놀이이다.

④ 큰 원으로 둘러선다. 큰 털실 뭉치를 손에 든 한 명이 털실의 끝을 왼 손에 단단히 쥐고(자신이 이름을 외우고 있는) 다른 한 사람의 이름을 크게 외치며 털실 뭉치를 던져 준다. 털실 뭉치를 넘겨받은 사람은 또 다른 사람의 이름을 크게 외치며 털실 뭉치를 계속해서 던져 준다. 이 때 털실 뭉치를 던져 주는 사람은 항상 왼손에는 털실을 단단히 거머쥐고 있어야 한다.

이런 방식으로 계속하면 결국에는 전원이 털실로 엮긴 형상을 띠게 된다. 이처럼 거미줄같이 서로 엮긴 털실에 의미를 부여하고 다음 단계로 계속해서 이어가는 것은 진행자의 재량이다.

2) 팀별 스팟

몸으로 말해요

카드에 기록된 사자성어, 속담, 과자 이름, 아이스크림 이름, 동물 이름 등을 팀별 대표 한 사람씩 나와 몸으로만 표현하고 팀원들은 제한 된 시간 안에 많이 맞추는 게임이다.

무엇일까요?

사자성어, 속담, 과자 이름, 아이스크림 이름, 동물 이름 등 카드에 기록된 이름을 팀별 대표 한 사람씩 나와 설명하고 팀원들은 제한 된 시간 안에 많이 맞추는 게임이다.

탑 쌓기

A4용지를 팀원 숫자만큼 나눠주고 나눠준 종이만 사용하여 제한 시간 안에 가장 높이 쌓는 게임이다.

주먹 탑 쌓기

두 사람이 마주보고 주먹을 번갈아 탑을 쌓는다. 퍼실리테이터가 '올리고' 하면 밑에 있는 손이 제일 위로 올라간다. '내리고' 하면 가장 위에 있는 손을 아래로 내려 받친다. 퍼실리테이터가 '쾅' 하면 가장 아래에 있는 손이 위에 있는 손을 내리치고, 위에 있는 손은 피한다. 한 번은 연습으로 하고, 한 번 더 실행한다.

명언(속담) 채우기

각 팀당 명언(속담) 카드를 몇 장씩 나눠 준다. 명언(속담) 카드 빈칸에 있는 단어를 적게 한다. 제한 시간 안에 채우도록 하고, 팀별 명언 카드의 빈칸에 단어를 채워 발표하게 한다. 발표가 끝나고 정답을 말해 준다.

ppt를 사용해 전체를 대상으로 퍼실리테이터가 진행하는 방법도 있다.

스토리텔링 게임

스토리텔링 카드를 준비하여, 팀별 사람 수에 맞게 스토리텔링 카드를 나눠준다. 첫 번째 사람이 카드를 뽑아 그 단어에 맞게 스토리를 만들어 간다. 두 번째 사람이 카드를 뽑아서 그 스토리를 이어간다. 마지막 사람까지 반복한다.

초상화 그리기

두 명씩 짝을 지어서 시작한다. 각 사람들에게 펜과, 종이를 나눠준다. 앞 사람과 마주보고 서로 간단하게 인사한다.

10초간 앞사람의 눈을 보고 그 사람의 생김새를 익히도록 한다. 앞 사람의 눈을 보면서 그 사람의 초상화를 그린다. 1분. 다 그리고 나면 초상화에 날짜, 이름, 싸인을 해서 서로 교환한다. TIP = 서로 눈만 보면서 그린다. 종이를 봐서도 안 되고 오로지 상대방 눈만 보고 그린다.

인간 계산기

각 팀별로 메모지에 숫자를 적어(숫자 카드) 가슴에 1장씩 붙인다. 리더가 요구하는 숫자를 팀 전원이 협력하여 빠르게 계산을 해낸다. "세 사람이 합하여 13을 만드세요!"라고 하면 1, 5, 7의 숫자를 가진 사람끼리 모이거나 2, 3, 8을 가진 사람끼리 모이면 된다. 숫자를 완성한 사람끼리 손잡고 반환점을 돌아오게 해도 재미있다. 도움말: 아라비아 숫자만 갖고 하지 말고 +, −, ×, ÷, √, = 등을 섞어서 하면 더 재미있다.

예) "여덟 사람이 10을 만드세요!"하면: (5, ×, 4, ÷, 2, =, 1, 0)

3) 참여자 전체

같은 길이의 실 찾기

참여자 수만큼 실을 준비하되 같은 길이의 실을 2개씩 쌍으로 준비한다. 한 사람씩 실을 받아서 같은 길이의 실을 찾는다. 참여자 한 사람씩 만나서 먼저 인사 및 자기소개를 하고 나서 실의 길이를 맞춰 본다. 찾을 때까지 계속해서 사람들과 인사 및 자기소개를 한다.

얼굴에 스티커 붙이기

참여자 모두에게 여러 색깔이 있는 스티커 한 판씩 나눠준다. 참여자 한 사람씩 만나서 자기소개를 하고 가위바위보를 해서 이긴 사람이 진 사람의 얼굴에 스티커를 붙인다. 가장 먼저 스티커를 소진하는 사람에게 선물을 준다. 그리고 서로의 얼굴을 보며 사진을 찍는다.

이름표 게임

① 모든 참가자가 교육장의 중앙에 동그랗게 모여 선다. 다른 사람의 이름과 신상내역이 적힌 이름표를 무작위로 나누어준다. 모든

참가자들은 그 이름표의 주인이 자신인 양 돌아다니며 인사를 나눈다. 충분히 인사를 나누었으면 다시 원위치로 돌아와서 이름표의 주인이라 여겨지는 사람에게 이름표를 준다. 정말 그 이름표의 주인인지를 확인한다.

② 모든 참가자가 원형으로 둘러앉는다. 참가자들이 직접 이름표의 앞면과 뒷면을 적는다. 다 적은 후에 이름표를 섞은 뒤 다시 한 장씩 꺼내 갖는다. 한 명씩 돌아가며 앉은 자리에서 일어나 자신을 소개한다. 물론 이름표의 인물이 자신인양 하면서.

자기소개가 모두 끝나면 자기가 가진 이름표의 주인을 추측하고 그에게 이름표를 주는 방식은 동일하다.

행운권 추첨 응용버전

참가자에게 번호표를 나눠주고, 각 번호표에 특정한 인사말 (반갑습니다, 잘 부탁합니다, 좋은 하루 되세요 등)을 넣어 두고 두 장씩 뽑아서 서로 인사를 하게 한다. 간단한 간식 같은 것도 넣어 두면 좋겠다.

숨은 단어 찾기

워크숍 중간 및 마지막 시간에 사용한다. 강의에 사용된 주요 단어를 넣어서 숨은 단어 찾기 게임 시트를 만든다. 워크숍 쉬는 시간 및 마지막에 각 시트를 나눠준다. 찾아야 되는 단어의 개수와 시간을 제시한다. 찾아야 하는 단어: 15개, 제한 시간: 1분, 가장 먼저 찾아내는 사람에게 선물 혹은 점수를 준다.

혼자 왔습니다

인원은 40-50명 정도, 참여자 모두 의자에 앉는다. 먼저 맨 뒤에 있는 사람이 일어섰다 앉으면서 "혼자 왔습니다."라고 외친다. 다음엔 그 옆에 사람과 일어났던 사람 둘이 동시에 "둘이 왔습니다."라고 외친다.

이런 식으로 하다 보면 나중에는 마지막 사람까지 동시에 모두 일어나게 된다. 그러다 보면 중간에 모르고 일어나는 사람과 일어나야 하는데 안 일어나는 사람에게 벌칙을 주면 된다.

우연에 의한 조 편성

① 앉은 순서에 따라(같은 줄이나 열에 앉은 사람들이 한 조가 된다.)

② 배정된 번호에 따라(1-2-3-4-1-2-3-4)와 같이 번호를 배정한 후 같은 번호가 배정된 사람들끼리 한 조가 된다.)

③ 제비뽑기에 따라(같은 번호 혹은 같은 글자를 뽑은 사람들끼리 한 조가 된다.)

④ 뽑은 카드에 따라(뽑은 혹은 받은 카드의 그림이 같은 사람들끼리 한 조가 된다.)

⑤ 사탕의 종류에 따라(뽑은 혹은 받은 사탕의 같은 색깔, 같은 종류인 사람들끼리 한 조가 된다.)

⑥ 퍼즐에 따라 (미리 글자나 그림의 퍼즐을 나누어 주고 이 퍼즐을 완성하면 자연스레 조도 편성이 된다.)

⑦ 스티커의 색깔에 따라 (좌석의 바닥에 미리 붙여진 혹은 입장 시 손등에 받은 스티커의 색깔이 같은 사람들끼리 한 조가 된다.)

3. 청소년 퍼실리테이션의 진행

1) 일반적인 퍼실리테이션 진행 프로세스

주제 설정하기

퍼실리테이터는 회의의 목적에 따라 몇 가지 의제를 준비할 수 있다. 퍼실리테이터는 회의 주최자, 그리고 참가자들과의 논의를 통해 자신이 준비한 의제가 적절한지 검토해야 한다.

준비하기

본격적인 퍼실리테이션을 시작하기 전의 준비 단계에서 퍼실리테이터는 퍼실리테이션의 목적, 퍼실리테이션을 통해 얻고자 하는 결과, 퍼실리테이션에 참가할 사람, 논의될 이슈, 어떤 단계로 퍼실리테이션이 진행될 것인지를 명확히 정의한다.

시작하기

이 단계에서 퍼실리테이터는 참가자들에게 퍼실리테이션의 목적과 결과물에 대해 알리고, 퍼실리테이션을 통해 얻을 수 있는 이성적 목표와 경험적 목표를 상상하게 하여 참가자들의 참여 의욕을 고취시킨다.

또한 퍼실리테이션에서 참가자들이 해야 될 역할의 중요성과 그들이 퍼실리테이션에 참석하도록 선택된 이유, 주어진 권한에 대해 설명한다.

질문하기

퍼실리테이터는 퍼실리테이션 진행 초기에 참가자들에게 퍼실리테이션과 주제에 대한 질문을 던지고 참가자들이 이에 대해 생각해 보게 함으로써 퍼실리테이션의 목적과 개인적 목표, 미팅에서 참가자들이 공통적으로 지켜야 할 원칙에 대해 분명히 할 수 있다.

초점 맞추기

퍼실리테이터는 논의가 주제와 다른 방향으로 흘러갈 때 혹은 새로운 날짜에 퍼실리테이션이 시작되거나 긴 휴식 시간이 지난 뒤 새롭게 퍼실리테이션을 시작하려 할 때, 참가자들에게 목적에 대해 재인식시키거나 논의의 진행 상황을 파악하게 하여 참가자들이 주제에 집중하게 한다.

기록하기

퍼실리테이터는 논의의 흐름을 파악하고 참가자들에게 논의된 사항에 대해 피드백 해 주기 위해 중요한 내용을 기록해야 한다.

정보 수집하기

퍼실리테이터는 진행하면서 참가자들에게 다양한 방식의 질문을 던짐으로써 언급된 사항에 대한 자세한 정보를 얻고, 정보를 범주화하며, 문제 해결을 위한 방안을 도출하고, 해결 방안의 우선순위를 결정하도록 하는 활동을 한다.

역기능 관리하기

퍼실리테이션의 역기능은 참가자들이 퍼실리테이션에 대한 불만을 무의식적, 혹은 의식적으로 표출하는 것으로 회의에 늦거나 입을 다물고 있는 것에서 시작해서 다른 참가자들을 비난하거나 장소를 떠나는 것까지 다양하게 표현된다.

퍼실리테이터는 이러한 증상들을 초기에 파악해서 역기능의 증상별 대처 방법을 사용해야 한다.

합의 구축하기

참가자들이 모두 지지하는 합의를 구축하기 위해서 퍼실리테이터는 적절한 의사 결정 방법을 선택하여 합의를 도출하도록 한다.

에너지 수준 높게 유지하기

참가자들이 높은 에너지를 지니고 있으면 주제에 대한 토의가 활발히 이루어지고, 참가자들의 참여도가 높아진다. 퍼실리테이터는 시작부터 마무리할 때까지 참가자들의 높은 에너지 수준 유지를 위해 그룹을 잘 살펴보면서 적절하게 대응해야 한다.

종결하기

퍼실리테이션을 종결하기 전에 퍼실리테이터는 논의된 의제와 결정된 사항, 참가자들의 목적이 달성되었는가에 대해 검토한다. 또한 활동을 통해 성취한 결과에 대해 평가하고, 공식적으로 종결되었음을 알리며, 퍼실리테이션 주최자에게 결과 및 보완점을 보고한다.

2) 워크숍 시작

시작하기
- 개회인사
- 주제 발표
- 참석자 상호 소개
- 회의 목적, 절차 공유
- 아이스브레이크
- 기본 규칙 합의
- 팀빌딩
- 퍼실리테이션 전제 설명.

공감대화

- 주제에 대한 명확한 인식
- 공감과 소통으로 상호 이해
- 깊은 성찰로 주제에 대한 결심

창의대화

- 합의된 결심에 대한 브레인스토밍으로 창의적 생각 이끌어내기.
- 창의적 의견 분류, 합의에 의한 이름 짓기.
- 합의에 의하여 지어진 이름을 활용한 문장을 만들어 명확한 비전 선언문을 완성한다.

실행계획

- 합의된 의견을 우선순위, 시급성, 효과성을 바탕으로 우선순위 정함.
- 환경 분석하기-환경 분석을 통해 측정 가능한 성과를 브레인스토밍하며, 성과를 완수할 날짜 정하기.
- 행동 계획에 동기 부여하는 이미지 슬로건 만들기.
- 행동 일정표를 만들고 실행 책임자 정하기.
- 비용을 산출하고 실행하기.

이미지 바꾸기

- 워크숍 전과 후를 인식
- 목표에 대한 분명한 이미지 갖기
- 실행계획 구체화
- 비전 달성 로드맵 완성

마무리

• 공감대화로 참여자의 인식, 태도, 능력의 변화 확인.

※워크숍 주제에 따라

① 시작하기–공감대화–창의대화–마무리

② 시작하기–공감대화–창의대화–실행계획–마무리

③ 시작하기–공감대화–창의대화–이미지 바꾸기–마무리

④ 시작하기–이미지 바꾸기–창의대화–마무리

등 도구의 순서를 다양하게 사용 할 수 있다.

4. 청소년 퍼실리테이션 진행의 장애물

1) 장애물

퍼실리테이션을 진행함에 있어 퍼실리테이터들은 충분한 준비와 함께 고객이 요구하는 만족할 만한 결과물을 얻기 원한다. 그러나 세상만사 내 뜻대로 안 된다는 누군가의 한탄처럼 계획대로 되지 않는 것을 경험하게 된다. 미꾸라지 한 마리가 온 웅덩이 물을 흐리는 것과 같은 참여자의 방해 때문이다. 이러한 일은 퍼실리테이터가 기획과 설계 단계를 거쳐 사전에 충분히 준비하여도 진행 중에 뜻밖에 나타난다. 이들의 일반적인 모습들은 불안, 자기 방어, 저항, 공세 등과 관련된 다양한 문제들, 참여자들 간의 갈등, 퍼실리테이터에 대한 도전, 그리고 여러 가지 형태의 문제 행동들이 있다.

이런 장애물들은 크게 퍼실리테이터 개인 역량의 문제이고, 다른 하나는 구조적인 문제이다. 퍼실리테이터의 개인적인 역량의 문제는 퍼실리테이션의 기획 단계에서의 세밀한 준비 부족이다. 퍼실리테이션은 주어진 답을 찾는 것이 아니라 해결의 방법을 찾아가는 것이다. 어떤 결과물이 나올지 알 수가 없다. 그러기에 사전 준비가 철저해야 하는 것이다. 또한 진행에 따른 주제, 참여자, 환경 등의 충분한 정보를 가져야 한다. 사전 정보가 충분했을 때 거기에 따른 좋은 질문을 할 수 있어 더 좋은 결과물을 도출할 수 있다.

원하는 결과물을 얻기 위해 퍼실리테이터는 사전에 예상되는 장애물을 인지하고 상황에 맞게 대처할 준비를 해야 한다. 예를 들면 참여자들의 분위기가 가라앉아 있거나 특정한 사람이 발언을 독점하거나, 주제에서 벗어난 이야기들이 나올 때 등 적절한 개입 시기를 찾아야 한다.

퍼실리테이터의 역량과 관계없이 구조적인 문제들이 있다. 예를 들면 회의 결과물에 대한 참여자들의 의사 결정이 제한되거나 결과물의 실행 여건이 안 될 때가 있다. 이런 경우에도 충분한 사전 준비로 극복할 수 있는 방안을 찾아야 한다.

퍼실리테이터가 이런한 장애물에 대한 관리를 어떻게 하느냐에 따라 퍼실리테이션 진행의 성공을 좌우하게 된다. 이런 장애물은 뜻밖에 나타남으로 여기에서 퍼실리테이터의 역량이 드러난다. 이들의 구체적 행동들의 특징을 보면 다음과 같다.

퍼실리테이션 진행 장애 사례

- 알아듣기 어려운 전문 용어로 말한다.
- 주제와 상관없는 일상의 문제를 제기한다.
- 대안을 제시하지 않고 비판만 한다.
- 자신의 관점을 고집한다.
- 결정난 지난 회의 결과를 다시 끄집어낸다.
- 끝나지 않을 듯 길게 발언한다.
  그리고, 그래서, 또한 등.
- 상대방의 입장에 대하여 인정하지 않고 무시하거나 비판한다.
- 상황을 이해시키기 위해 비유를 들면 말꼬리를 잡는다.
- 팔짱 끼고 앉아만 있고 거의 참여하지 않는다.
- 결과를 다 알고 있다는 듯 확신에 찬 모습으로 거만하게 행동한다.
- 다른 사람이 발언하는 도중에 옆 사람과 귓속말을 한다.
- 스마트폰을 계속 본다.
- 했던 말을 반복해서 한다.
- 혼자서 발언을 독점한다.
- 퍼실리테이터의 개인적인 것에 대해 질문한다.

2) 회의장 장애물을 미리 예방하기 위한 전략

회의 규칙 정하기

퍼실리테이터는 중립을 지켜야 한다. 회의 절차를 이끌어 가되 참여자들의 적극적인 참여를 유도해야 한다. 참여자들의 자발성이 활발할 때 좋은 결과를 얻을 수 있다. 참여자들의 자유로움을 방치하면 사공이 많으면 배가 산으로 가듯, 회의 주제와 상관없는 방향으로 가며, 퍼실리테이터가 원하는 결과물을 얻을 수 없게 된다.

그러기에 회의 시작 단계에 회의 규칙을 먼저 정해야 한다. 규칙 또한 참여자들의 자발적 의견 발표로 이루어진다. 회의의 좋은 결과를 얻기 위해 참여자 모두 어떤 규칙이 있어야 할지 스스로 규정하는 것이다. 참여자의 자유로운 의견, 그리고 참여자 스스로의 합의를 통해 결정되기에 자발적으로 지키고자 하는 힘이 있다. 회의의 장애물이 나타날 때 회의 규칙을 읽게 함으로 회의 원점으로 돌아오게 한다.

신뢰감 형성

퍼실리테이션 진행 초기에 참여자들로 하여금 상호 간 어색함을 깨고, 친밀감을 형성하며, 안정감을 느끼도록 하여 활동에 적극 참여할 수 있게 한다. 참여자들로 하여금 참여 동기, 기대, 원하는 결과물 등 숨은 동기를 공유하며 상대를 깊이 이해하게 한다.

여기에 자리 배치, 음악, 공간 등 물리적 환경 또한 편안함을 느낄수 있게 조성해야 한다. 신뢰가 높을 때, 참여자들은 퍼실리테이션 활동에 적극적으로 참여하여 자신들의 생각을 나누고, 다른 사람의 이야기에 귀를 기울이며, 서로 상호 작용을 원활하게 한다. 신뢰감 형성을 위해 주로 아이스브레이크를 많이 사용한다.

신뢰가 부족하면 참여자들이 활동에 방관자적 모습을 보이며, 회의 시간에 지각하거나 도중에 빠져 나가기도 한다. 참여자들이 자신의 생각을 표현하는 데 많이 망설이거나 침묵을 한다.

신뢰감이 형성되지 않으면 참여자들의 심리 상태는 불안감과 소외감, 오해를 받거나 자신의 의견에 대한 비판의 두려움, 참여자 상호 간의 갈등 등을 가지게 된다.

상호 존중하는 분위기

효과적인 회의 진행이 지속되기 위해서 참여자 상호 간의 존중이 필요하다. 서로 배려와 존중이 있을 때에 활발한 의견이 발표 되고, 그 속에서 조직이 원하는 바를 얻을 수가 있다.

회의 진행 가운데는 서로의 의견이 대립되거나, 누군가 의사 발언을 독점하거나, 다른 사람의 의견을 무시하거나 하는 현상들이 나올 수가 있다. 이런 일들이 나타나면 회의 분위기는 엉망이 된다. 이것을 미연에 방지하는 것이 퍼실리테이션의 전제이다.

회의 시작 단계에서 회의 규칙을 정하고, 신뢰감 형성과 함께 정한 규칙을 반드시 인지시켜야 한다.

퍼실리테이션의 5가지 전제는[54] 다음과 같다.

① 사람은 누구나 지혜를 가지고 있다.

② 가장 지혜로운 결정을 내리기 위해서는 모든 참가자들의 지혜가 필요하다.

③ 틀린 답은 없다.

④ 전체는 부분의 합보다 크다.

⑤ 모두가 다른 사람들의 의견을 경청하고, 모두의 의견이 경청된다.

회의 진행 가운데 나타나는 장애물들과 대응 방법

	장애물	대응 방법
1	말 많은 사람이 회의 독점	다른 참여자들의 참여를 이끌어낸다.
2	주제와 상관없는 일상의 문제를 제기	회의 목적을 상기시킨다.
3	전체적으로 참여가 저조할 때	스팟이나, 소그룹 나누기, 휴식 시간을 갖는다.
4	대안을 제시하지 않고 비판만 한다.	긍정적인 요인이 무엇인지 질문한다.
5	자신의 관점을 고집	퍼실리테이션 전제를 상기시킨다.
6	상호 무시하거나 비판할 때	회의 규칙을 제시한다.
7	소극적인 참여자들	일대일 짝꿍대화로 심리적 안정감을 갖게 한다.
8	두 사람이 겨룰 때	두 사람 외 다른 참여자들에게 이 주제에 대한 의견을 묻는다.
9	팔짱 끼고 앉아만 있고 거의 참여하지 않는다.	퍼실리테이션 전제 중 최선의 결과를 얻기 위해 모두의 지혜가 필요함을 상기시킨다.
10	속삭임이나 잡담	속삭임 내용 전체 공유하기, 속삭임이 지속되면 휴식하기를 한다.
11	스마트폰을 계속 본다.	회의 규칙을 상기시킨다.
12	퍼실리테이터에 대한 도전이 있을 때	휴식 시간을 갖고 감정을 추스른다. 나중에 도전하는 사람에 대해 더 알아본다.
13	전문 용어 사용	쉬운 말로 설명하도록 요청한다.
14	퍼실리테이터의 개인적인 것에 대한 질문	회의 끝난 후에 질문하게 한다.

5. 청소년 퍼실리테이션의 평가

청소년 퍼실리테이션 평가의 개념은 퍼실리테이션의 가치를 판단하는 일이며, 퍼실리테이션의 효과성이나 목적 달성 여부에 대한 판단이다. 참여자가 퍼실리테이터나 프로그램을 어떻게 평가하는지, 그들이 내용을 이해했는지, 과정이 적절한 시기에 이루어졌는지의 여부에 대한 판단을 말한다.

청소년 퍼실리테이션 평가는 공감과 소통, 학교 자치, 민주시민 양성을 위해 디자인한 퍼실리테이션의 설계 목적이 훌륭히 달성되었는지의 여부와 그 수준을 점검하고, 목표를 향한 일관성 있고 생동감 있는 전개를 도모하는 동시에, 미래에 보다 나은 효율적이고 효과적인 퍼실리테이션 수행을 위한 자료와 지침을 얻기 위해 실시한다.

청소년 퍼실리테이션 프로그램의 평가 과정

참가자 평가

- 퍼실리테이션의 목표는 명확하게 설정되어 있는가?
- 퍼실리테이션을 위한 사전 운영 계획이 적절했는가?
- 퍼실리테이션의 운영 시간과 장소가 적절했는가?
- 퍼실리테이터는 적합한 자료 및 매체를 활용하였는가?

- 퍼실리테이션의 내용이 충분히 흥미를 끌 수 있게 구성되었는가?
- 퍼실리테이션을 마친 후 긍정적인 효과가 있었는가?
- 퍼실리테이션에 대한 전반적인 만족도는 어떠한가?

안녕하십니까?

먼저 이번 퍼실리테이션에 참가하여 주신 여러분께 감사를 드립니다. 다음의 설문은 앞으로 실시될 학습의 개선을 위해 여러분들의 희망이나 의견을 알아보려는 것입니다. 여러분들이 이번 퍼실리테이션 기간 중에 보고, 느끼고, 생각하신 점을 솔직하게 답해 주시면 감사하겠습니다. 귀하의 솔직하고 진지한 응답은 본 기관의 교육 성과를 높이는 데 귀한 밑거름이 될 것입니다.

〈법적근거를 통한 신뢰감 형성〉

평가 항목	매우 만족	조금 만족	보통	약간 불만족	매우 불만족
① 본 퍼실리테이션에 나는 적극적으로 임했다.					
② 참여자로서의 요구를 충족시켰다.					
③ 퍼실리테이션 후 주제에 관심을 갖게 되었다.					
④ 본 퍼실리테이션에 대한 사전 지식을 갖고 있었다.					
⑤ 본 퍼실리테이션은 꼭 필요하다.					
⑥ 본 퍼실리테이션은 경험적 학습의 기회를 제공하였다.					

⑦ 본 퍼실리테이션의 참여자 수는 적당하였다.					
⑧ 본 퍼실리테이션을 진행할 때 적합한 매체를 활용하였다.					
⑨ 본 퍼실리테이션은 강의, 실습 등이 적절히 병행되었다.					
⑩ 본 퍼실리테이션은 짜임새 있게 잘 활용되었다.					
⑪ 귀하가 수강한 강좌의 시설이 퍼실리테이션에 적합하였다.					
⑫ 본 퍼실리테이션은 홍보한 내용과 수강한 내용이 일치하였다.					
⑬ 퍼실리테이터가 과정을 잘 이끌어 나갔다.					
⑭ 본 퍼실리테이션은 진행 내용의 양과 수준이 적절하였다.					
⑮ 퍼실리테이션의 내용이 실생활에 도움이 된다고 생각한다.					
⑯ 퍼실리테이션 참여에 필요한 자료가 적절히 제공되었다.					
⑰ 본 퍼실리테이션에 대해 전체적으로 만족한다.					
⑱ 본 퍼실리테이션 프로그램을 타인에게 권하고 싶은 의향이 있다.	예		아니오		
⑲ 귀하의 성별은?	남		여		
⑳ 본 퍼실리테이션 프로그램에 참여하게 된 경로는?	친구를 통해	신문 홍보 지를 통해	현수 막을 통해	기타:	

㉑ 본 퍼실리테이션 프로그램의 미흡했던 점이나 특별히 개선할 사항이 있다면 무엇인가?	

퍼실리테이터 평가

평가 항목	매우 그렇다	그렇다	보통	그렇지 않다	매우 그렇지 않다
① 퍼실리테이션 프로그램이 참여 대상자들의 요구에 부응하였는가?					
② 퍼실리테이터는 사전 진행 설계서를 가지고 있었는가?					
③ 퍼실리테이터는 조직(기관)의 상황을 사전에 잘 파악하고 있었는가?					
④ 퍼실리테이터는 진행 이전에 본 과정의 목적을 명확히 제시하였는가?					
⑤ 퍼실리테이션의 목표는 실현가능하였는가?					
⑥ 퍼실리테이터는 퍼실리테이션을 운영하는 지식과 기술과 태도 면에서 전문적인 능력이 나타나고 있는가?					
⑦ 퍼실리테이터는 참여 대상자들에 대한 이해도가 높았는가?					
⑧ 퍼실리테의터의 진행 구성 내용은 잘 짜여져 있었는가?					
⑨ 퍼실리테이터는 열정을 가지고 퍼실리테이션 과정에 에너지를 불어넣어 주었는가?					
⑩ 퍼실리테이터는 참여에 필요한 자료를 적절히 제공하였는가?					

⑪ 퍼실리테이터는 중립을 지키며 중재자로의 직무를 잘 지켰는가?					
⑫ 퍼실리테이션에서 참여자는 의욕과 흥미를 가지고 과정에 참여했는가?					
⑬ 퍼실리테이션의 진행 과정에서 잘 적응하지 못한 참여자의 비율은 어느 정도인가?					
⑭ 퍼실리테이션의 진행 과정에서 참여자들의 적극적인 참여 태도가 계속적으로 유지되었는가?					
⑮ 퍼실리테이션 전반에 대한 퍼실리테이터의 성실성은 높았는가?					
⑯ 퍼실리테이터는 사명감이 충만하였는가?					
⑰ 퍼실리테이터에 대해 전체적으로 만족하는 정도는 어떤가?					
⑱ 퍼실리테이터의 가장 강점이라고 생각되는 것은 무엇인가?					
⑲ 퍼실리테이터의 발전을 위해 해 주고 싶은 말은 무엇인가?					
⑳ 다른 프로그램에 본 퍼실리테이터를 소개하고 싶은 의향은 어떤가?	예			아니오	

역량중심평가(KSA) 청소년 퍼실리테이터 평가

역량 주제	역량 항목(KSA)	내용
1. 청소년의	① 청소년에 대한 지식(K)	청소년의 영적 / 인지적 / 심리적 / 사회적 / 신체적 특성

이해 역량	② 청소년과의 관계 기술(S)	청소년과의 래포 형성 기술 / 스팟 기법
	③ 청소년 사랑하기(A)	존재에 대한 관심과 애정, 친밀감, 열정, 긍정성, 형평(초월)성, 헌신성
2. 개인별 특성 이해 역량	① 개인 특성 파악에 대한 지식(K)	DISC, MBTI, ENNEAGRAM, MIT, 투사법, 문장 완성법, 미술 치료법 등의 이론적 지식
	② 개인 특성별 관계 기술(S)	개인 특성별 맞춤식 커뮤니케이션 적용 및 상호 작용 기술(유형별 의사소통 기술)
	③ 개인의 가능성에 대한 긍정적 태도(A)	개별 맥시멈 성취에 대한 비전 그리기, 나보다 뛰어난 제자 만들기, 강점 살리기 칭찬, 작은 성취 격려
3. 퍼실리 테이션 설계 역량	① 퍼실리테이션 설계에 대한 전반적인 지식(K)	집단 상황에 대한 분석(집단 환경 분석, 청소년 니즈 분석), 설계 지식
	② 퍼실리테이션 설계(기획) 기술(S)	집단 목적의 극대화 달성을 위한 전체 설계 기술, 적절한 목표수준 결정, 주제결정 기술, 적절한 적용도구 선택 기술, 참여자 특성 분석 기술, 주제 이해를 위한 선행도구 제작 기술, 최대 효과 창출을 위한 시간 사용 및 적합한 환경조성 기술(장소, 현장 분위기 등)
	③ 퍼실리테이션 설계에 대한 통합적, 창의적 관점(A)	목표 성취에 대한 확신, 다양한 관점 수용, 목표를 향한 일관성/중립성 유지

4. **퍼실리** **테이션** **진행 역량**	① 퍼실리테이션 진행 지식(K)	회의 진행, 개입 수준, 방향유지, 분위기 조성, 핵심 기법, 다양한 집단 역동, 문제 해결 및 의사결정 모델
	②집단 관계 기술(S)	핵심기법 활용기술 수준, 집단스타일에 맞는 참여 유도 기술, 효과적 효율적 의사소통 진행 참여를 위한 에너자이징 기술, 목표 지향적 질문 만들기 기술, 창의적 대안 창출촉진 기술, 공감적 경청과 요약 및 피드백 수준, 갈등 관리 수준
	③집단의 가능성에 대한 긍정적 태도(A)	목표 수준을 향한 긍정성과 극대성의 집중 수준, 다양성에 대한 인정과 존중 수준, 진행 과정에 대한 여유
5. **퍼실리** **테이션** **평가 역량**	①퍼실리테이션 평가에 대한 지식(K)	평가의 개념과 종류에 대한 지식, 평가의 중요성 인식, 양적, 질적 평가에 대한 지식
	②평가에 대한 양적 질적 기술(S)	양적 평가 기술; 질문지 작성 및 통계 해석 질적 평가 기술; 인터뷰 및 관찰 기술
	③평가 목적에 대한 진취적 태도(A)	-정직성, 객관성, 신뢰성, 협동성, 진취성(창의성)
6. **청소년** **퍼실리** **테이터** **인성·윤리성**	①인성·윤리성 지식(K)	-IAF윤리강령, KAF윤리강령, KYAF 윤리강령 지식 -청소년이 가치 창출을 해낼 수 있도록 촉진하는 일에 대한 인식
	②인성·윤리성 기술(S)	-청소년의 상황을 이해하고 적절한 서비스를 제공하여 바람직한 결과물을 창출하는 기술

		−서로 존중하며 신뢰할 수 있는 자유로운 발표 환경 조성 기술
	③인성·윤리성 태도(A)	−의무와 책임 명확히 하기 −청소년 개인과 집단의 모든 정보에 대한 기밀 준수 −전문가로서의 지속적인 자기 개발과 품위 창조

Part 5

청소년 퍼실리테이션 사례

Part 5에서는 2016년부터 초등학교, 중학교, 고등학교, 대학생, 학부모, 외국에 있는 학생들을 대상으로 진행한 퍼실리테이션의 대표적인 사례들이다. 한국청소년퍼실리테이터협회에서는 각급 학교에서 방과후 학교 한 학기 과정, 리더십, 공감과 소통, 인성, 진로, 학교 자치 등의 다양한 주제로 페실리테이션 캠프를 실시하고 있다.

1. 강월초등학교

장소	강월초등학교
목표	초등학생 퍼실리테이터 양성
대상	5학년 16명
시간	매회 2시간, 10주 과정
사용 기법	공감대화, 창의대화

활동사진

결과

공감대화에서는 타인의 감정, 경험을 함께 이야기함으로 나와 다른 타인에 대한 이해가 깊어졌다. 자기의 의견이 전부 받아들여지는 과정에서 자존감이 올라갔다. 자신의 감정을 이해하며 말로 직접 표현함으로 자신을 깊이 이해하였다.

창의대화에서는 타인에 대해 충분한 이해와 참여 과정을 통해 실천 방법들을 스스로 찾았다. 내성적인 학생의 경우 말이 아니라 글로 표현함으로 자신감을 느끼게 됨을 볼 수가 있었다.

2. 광주산수초등학교

장소	광주산수초등학교
목표	소통으로 즐거운 학교생활
대상	4-6학년 110명
시간	1회 40분 4회
사용 기법	공감대화, 창의대화, 타임라인, 실행계획

활동사진

결과

이 활동을 통해 학급에서 분위기를 힘들게 하는 것이 무엇인지를 학생들 스스로 발견할 수 있었다. 문제의 핵심을 찾고 나서 학생들 스스로 지혜를 모아 해결의 방법을 찾고 실천 계획까지 세우는 것을 볼 수가 있었다. 활동에 참여하면서 학생들 스스로 소통을 어떻게 하는지를 알아 가고 있었다. 공감대화와 창의대화를 통해 타인을 이해하고 소통의 중요성을 찾았다. 소통을 잘하기 위한 학교 내에서의 방법을 찾음으로 학교생활에 도움이 되었다. 공감대화에서 학생들 스스로 부끄러워하지 말자, 용기를 내자는 의견이 나왔다. 창의대화에서 학생들이 나 전달법을 사용하였다. 자기 존중감이 나타났다.

3. 송정중앙초등학교

장소	송정중앙초등학교
목표	진로를 찾고 꿈을 이루기 위한 방법 알아내기
대상	4-6학년 210명
시간	1회 40분 4회
사용 기법	홀랜드 진로적성 검사, 공감대화, 창의대화, 이미지 바꾸기

활동사진

결과

학생들은 구체적인 진로를 설정하고 발표할 수가 있었다. 친구의 진로를 알고, 서로 진로 성취에 도움을 줌으로 더 친해지는 계기가 되었다. 또한 친구들과 함께 활동하는 유익과 재미를 경험하였다. 공감대화, 창의대화, 생각 바꾸기를 경험하였다. 자기 이해가 깊어지고 자기표현도 더 분명함을 보여 주었다. 이런 영향으로 진행에 더 흥미를 가지고 몰입하였다. 특히 진로 찾기에서 생각 바꾸기를 통해 현재의 자신, 미래의 자신을 걱정함으로 게임 및 스마트폰의 중독 현실에서 벗어나고자 다짐하였다.

4. 용마중학교

장소	용마중학교
목표	소통과 공감의 퍼실리테이션 리더십 함양
대상	1학년 240명
시간	1회 45분 4회
사용 기법	공감대화, 창의대화, 히스토리컬 스캔

활동사진

결과

아이스브레이크를 통한 체험을 바탕으로 소통의 중요성을 공감대화로 살펴보았다. 히스토리 스캔을 통해 1학기 동안 학급의 모습을 살펴보고, 창의대화를 이용해 소통을 잘해서 2학기에 행복한 학급을 만들자는 결론을 내렸다.

용마중학교에서의 청소년 퍼실리테이션 활동으로 협동을 갖자, 친구의 도움이 필요하다, 배려하자, 자신감을 가지자 등의 표현이 많이 나타나 퍼실리테이션 리더십의 역량이 훌륭히 드러났다.

5. 고등학생 리더십 캠프

장소	동신중학교 체육관
목표	소통과 공감의 퍼실리테이션 리더십 함양
대상	전국 고등학교 리더 170명
시간	10시간
사용 기법	공감대화, 창의대화, 이미지 바꾸기

활동사진

결과

퍼실리테이션 리더십 프로그램을 통해 학생들은 어떻게 공감과 소통을 하는지 알게 되었다. 공감대화를 통해 서로의 차이를 이해하고, 친구들과 더 친해질 수 있게 되었다. 학급에서 일어난 일들을 어떻게 이해하고 해결해야 할지를 알게 되었다. 창의대화를 통해 함께 참여하여 의견을 나누고 합의를 이루어 도출한 결과의 탁월함을 확인했다. 그러므로 리더가 지녀야 할 태도와 방법에 대해 알게 되었다. 생각 바꾸기를 통해 자신의 비전에 대해 구체적으로 성취할 수 있는 길을 찾았다. 즉, 셀프 리더십의 방법을 터득하였다.

6. 상봉중학교 - 진행: 한영숙 퍼실리테이터

장소	상봉중학교
목표	학생회 임원 리더십 역량 강화 학교 자치 활용
대상	학생회 / 학급 임원 27명
시간	3시간20분
사용 기법	브레인스토밍, 공감대화, 창의대화

활동사진

결과

퍼실리테이션을 경험함으로 학생들이 학생회의 및 학생 자치에 필요한 방법을 찾는 데 유용함을 알게 되었다. 학생회장으로서 친구들을 어떻게 돕고 이끌어 갈지를 배우게 되었다. 리더의 역할과 리더로서 질문의 중요성을 인식하게 되었다. 집단의 지혜를 모으는 과정을 게임 형태로 하여 퍼실리테이션에 대한 흥미를 유발하는 데 도움이 되었다. 퍼실리테이션은 학생 자치 활성화와 리더십 향상에 도움을 주어 학교 자치에 유용함을 보여 주었다.

7. 대구공업고등학교 - 진행: 이정화, 박진 퍼실리테이터

장소	대구공업고등학교
목표	흡연 예방 - 금연 캠페인
대상	학생회 임원 44명
시간	120분
사용 기법	창의대화

활동사진

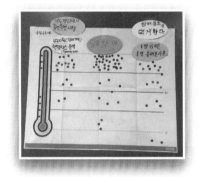 

결과

학교 내에서 흡연 예방과 금연 캠페인을 하였다. 학생들에게 온전한 참여와 권리를 보장함으로 학생들의 호응이 좋았다. 학생들의 반응을 보면, '우리가 무언가를 추진한다는 것이 새롭고 즐거웠다, 우리에게 공감이 되는 활동들을 해서 좋았다, 재미있었고 다음에 또 하면 좋겠지만 기회가 없어 아쉽다, 학교에서의 금연 프로젝트 관련 내용이 좋았다, 즐겁게 웃을 수 있었다' 등으로 표현하였다. 학생 스스로가 금연의 방법을 찾고 구체적 실천 계획까지 세움으로 학생들의 문제를 스스로 풀어갔다.

8. 부안여자고등학교 - 진행: 김재원 퍼실리테이터

장소	부안여자고등학교
목표	행복한 공동체 만들기
대상	학생, 학부모, 교사 50명
시간	120분
사용 기법	창의대화

활동사진

결과

학생들의 참여 소감을 보면 "바람직한 공동체 만들기, 지식의 한계를 느끼고 지금이라도 공부를 하자, 소통에 대한 서로의 의견을 들을 수 있어서 좋았다. 그리고 책에 있는 구절이 인상 깊었다, 올바른 공동체가 되길!, 공동체를 위해 어떤 태도를 지녀야 하는지 알게 되었다, 학생·학부모·선생님이 하나 되어 이야기 할 수 있어서 좋았다." 라는 반응이다. 교사의 통제가 아니라 학생이 자신이 되고 싶은 바를 위해 스스로 자기 통제를 할 수 있도록 워크숍을 설계하고 진행하여 워크숍 결과도 학생, 교사, 학부모 모두 공감하고 즐거워하였다. 교육의 3주체가 함께 학교 자치를 실현하는 경험을 하였다.

9. 대학생

장소	반석교육관
목표	주니어 퍼실리테이터 양성
대상	대학생 5명
시간	120분, 5회
사용 기법	공감대화, 창의대화

활동사진

결과

5명의 대학생을 대상으로 한 퍼실리테이터 양성과정은 퍼실리테이션의 기원과 역사에 대해, 그리고 이 시대 왜 퍼실리테이션이 필요한지 강의를 한 후 가장 유용하게 활용할 수 있는 퍼실리테이션 2가지 기법 공담대화와 창의대화를 경험하게 하고 실습하게 하였다. 참석한 학생들의 반응은 지금 우리 사회의 이슈들을 생각하면서 퍼실리테이션 활용의 필요를 공감하였으며, 2가지 기법을 경험함으로써 집단 지혜의 필요성과 중요성을 깨닫고 공동체의 합의 방법을 체득하였다.

10. 의경

장소	혜화경찰서
목표	원활한 의경 복무 생활
대상	의경 24명
시간	1회 1시간 30분, 6주
사용 기법	히스토리컬 스캔, 공감대화, 창의대화

활동사진

결과

활동을 통해 다양한 생활 환경에서 성장한 동료에 대해 깊이 이해를 하게 되었다. 비슷한 또래의 공통된 경험을 나눔으로 더 끈끈한 동료애를 가질 수가 있었다.

또한 함께 내무반 생활하는 동료가 틀린 것이 아닌 다름을 찾고 인정함으로 부대 분위기 향상에 도움이 되었으며, 갈등의 요소를 해소하는 데 도움이 되었다.

11. 미얀마 타무

장소	미얀마 타무 OBS 고아원
목표	한국에서 제공하는 컴퓨터를 고아원 학생들이 잘 활용하기
대상	고아원생, 교사, 운영진 80명
시간	6시간
사용 기법	창의대화

활동사진

결과

수차례 컴퓨터를 제공했는데, 재방문 시 확인해 보면, 거의 사용을 하지 않았다. 학생들과 교사, 운영자들이 함께 모여 컴퓨터를 어떻게 사용할 것인가를 창의대화를 통해 결정했는데, 그 후 고아원은 물론 지역 주민들을 대상으로 한 컴퓨터 스쿨이 열렸다. 그 이후 고아원 학생들을 위한 퍼실리테이션이 지금은 지역 교사들을 위한 고급 과정으로 진행 중이다.

12. 미얀마 양곤

장소	미얀마 양곤
목표	양곤 대학생 퍼실리테이션 소개
대상	대학생 25명
시간	6시간 씩 3일
사용 기법	공감대화, 창의대화, 실행계획 세우기

활동사진

결과

양곤 지역 4개 대학교의 학생들 120명을 대상으로 음악, 미용, 태양광, 성경교육 등의 봉사를 하면서 퍼실리테이션 교육도 20명 정도를 2일 동안 실시하였다.

3일 째, 120명 교육을 마치고, 받은 교육을 어떻게 잘 활용할 수 있을까를 전체 학생들이 함께 모여 창의대화를 한 결과 한국 교육팀이 정기적으로 양곤을 방문하여 다음 과정을 진행해 줄 것을 요청받았다.

13. 용마중학교 학부모

장소	용마중학교
목표	공감과 소통을 위한 퍼실리테이션 활용
대상	학부모 16명
시간	150분
사용 기법	공감대화, 창의대화

활동사진

결과

학부모들을 대상으로 한 공감과 소통의 퍼실레테이션은 학부모들로 하여금 참여자들 끼리 급속히 친해지게 하며 마음속에 있는 대화를 통해 서로를 더 깊이 아는 계기가 되었다. 또한 창의대화를 경험함으로 다양한 의견을 함께 합의하는 과정이 신기했으며 이 기법의 유용성을 알게 되었다. 학부모들의 퍼실리테이션 경험이 학교 자치에 긍정적인 영향을 미칠 것으로 보인다.

부록: 퍼실리테이션 진행 예시

소통과 공감의 주니어 진로퍼실리테이션 캠프 프로그램

　　1교시: 홀랜드 검사 깊이 생각해 보기

　　2교시: 나의 미래 직업은?

　　3교시: 꿈을 이루기 위한 방법 찾기

　　4교시: 비전트리 작성

1교시 - 홀랜드 검사 깊이 생각해 보기

◉ 공감대화

사실 확인	
반응	
깨달음	
결심	

2교시 - 나의 미래 직업 이미지 만들기

◉ 홀랜드 적성 검사를 통해 알게 된 나(문장 완성하기)

◉ 현재의 나

나는 지금을 좋아한다.

나는 지금을 잘한다.

나는 지금을 가지고 싶다.

나는 지금을 하고 싶다.

그러므로 나는 지금 _____사람이다.

◉ 현재의 내 모습을 표현하기

◉ 미래의 나

10년 후 꿈이 이루어졌을 때 나의 하루 생활을 구체적으로(기분, 생각, 계획, 하는 일, 만나는 사람)을 적어 봅시다.

아침에 일어나서 –

출근해서 –

점심에 –

오후에 –

퇴근해서 –

잠자리 들기 전 –

◉ 10년 후 나는 _____직업을 통해 _____ 삶을 살 것이다.

◉ 10년 후 내 모습 표현하기

3교시 - 꿈을 이루기 위한 방법 찾기

◉ 우리의 미래 직업(꿈)을 위해 지금부터 무엇을 준비해야 할까요?

생각하기	
의견 모으기	
의견 분류하기	
이름 짓기	
결과 정리하기	

4교시 - 비전트리

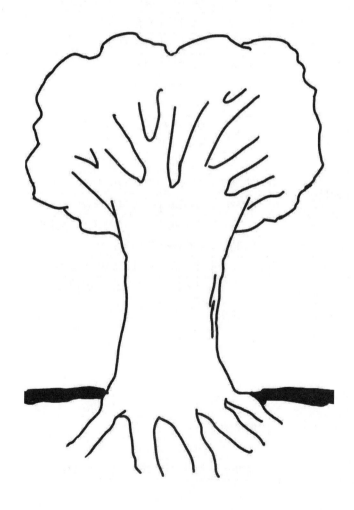

목차(교사 매뉴얼)

순서	시간	활동명	세부 타임 테이블	
1	1교시 9:00-9:40	공감 대화	00-05	강사 소개/아이스브레이크
			05-15	관찰 단계
			15-23	반응 단계
			23-31	이해 단계
			31-37	결심 단계
			37-40	마무리
		준비물	보드 마커, A4, 스카치테이프, 5가지 전체 붙여 놓기	
2	2교시 9:50-10:30	이미지 바꾸기	50-55	이미지 바꾸기 설명
			55-05	현재 나의 모습
			05-15	미래 나의 모습
			15-30	그룹 내 발표 및 전체 발표
		준비물	필기도구, 색칠 도구	
3	3교시 10:40-11:20	창의대화	40-43	아이스브레이크(텔레파시 게임)
			43-48	2교시 상기/창의대화 설명
			48-52	브레인스토밍
			52-15	의견 모으기, 분류, 이름 짓기(시간 남으면)
			15-20	정리
		준비물	A4, 보드 마커, 포스트잇	
4	4교시 11:30-12:10	비전트리	30-35	비전트리 설명
			35-00	비전트리
			00-10	설문지 작성
		준비물	전지, 색칠 도구, 매직, 설문지	

1교시 - 공감대화

◉ 준비물 / 5가지 전제 붙여 놓기, 보드 마커, A4, 스카치테이프

강사 소개: "저는 한국청소년퍼실리테이터협회 소속 퍼실리테이터 ○○○입니다."

아이스브레이크: 텔레파시 게임.

◉ 도입

지난번에 학교에서 홀랜드 검사를 해보셨죠?

각자 자신의 유형을 알고 있나요?

친구들, 각자 자기 유형별로 자리에 앉았지요? (유형별 확인)

여러분들이 하고 싶은 직업도 발견했나요?

이 시간에는 여러분들이 그 꿈을 이룰 수 있도록 도와드리기 위해서 어떤 활동을 해 볼 거예요. 바로 공감대화 기법이란 도구를 사용해 볼 겁니다.

◉ 공감대화 설명

공감대화란 말을 들어 보셨나요?

사람들은 일반적으로 어떤 대상을 만나거나 상황을 경험하게 되면, 여러 가지 감정이나 생각이 떠오르게 됩니다. 그리고 그 감정이나 생각에 기초해서 그러한 현상들을 이해하고, 그 이해를 통해서 판단하고 의사 결정을 하게 되는 것입니다. 이러한 과정은 네 단계로 분류

할 수 있고, 각 단계를 잘 수행하도록 도와주는 방법을 공감대화 기법이라고 합니다.

그런데 만약 4과정 중 한 가지 과정이라도 생략하게 되면 우리는 잘못된 판단을 내리거나 상황을 오해하게 되지요. 아이러니하게도 우리들은 그러한 과정을 생략한 채로 살아가는 경우가 많다는 것입니다.

예를 들면, '이번 게임만 하고 공부해야지' 하고 생각했는데 엄마가 갑자기 문을 열고 들어오면서 "너, 아직도 공부 안 하고 게임을 하니?" 하고 역정을 낸다면 기분이 어떨까요? 엄마는 내 말을 들어보지도 않고 화를 내고 판단했지요. 무엇이 빠졌나요? 네, 첫 번째와 세 번째 단계가 빠졌죠. 어머니께서 내 이야기를 다 들어보고 판단해도 늦지 않을 텐데 말입니다. 그러니까 오해하고 힘들어지는 거예요. 그래서 공감대화 기법이 필요한 거죠.

자, 이제부터 공감대화를 시작해 볼까요?

⊙ 수업 내용 설명 및 확인

1교시는 홀랜드 검사 결과를 가지고 퍼실리테이션 공감대화라는 도구를 사용해서 깊이 생각하고 정리해 보는 시간을 가지도록 하겠습니다.

'퍼실리테이션'이라는 말은 '무엇을 쉽게 만든다.' '쉽게 되도록 한다.'는 의미를 가진 영어 단어입니다. 즉, 우리가 이번 시간에 생각해 보아야 할 내용을 쉽게 하도록 도와주는 도구라고 생각하면 되겠습니다. 그리고 '퍼실리테이션'을 이끌어 나가는 사람을 '퍼실리테이터'라고 합니다. 앞에 있는 저가 바로 '퍼실리테이터'입니다. 우리말로 딱 맞게 번역할 수 있는 단어를 찾지 못해서 영어 표현을 그대로 사용합니다. 조금 이해가 되셨나요? 잘 이해가 되지 않을 수 있습니다. 자, 일단 시작해 보면 알게 될 것입니다.

◉ 퍼실리테이션 전제

이 활동을 시작하기 전에 우리 친구들이 지켜야 할 다섯 가지 약속(전제)이 있습니다. 그 약속(전제)을 읽어 볼까요? (칠판에 미리 붙여 놓음)

- 우리는 누구나 지혜를 가지고 있다.
- 가장 지혜로운 결정을 내리기 위해서는 모든 참가자들의 지혜가 필요하다.
- 틀린 답은 없다.
- 전체의 합은 부분의 합보다 크다.
- 모두가 다른 사람의 이야기를 경청하며, 모두의 의견이 경청된다.

이제 단계별로 퍼실리테이터가 질문을 하면 친구들은 자유롭게 지시에 따라 대답하면 됩니다.

아시죠? 5가지 약속. 틀린 답은 없다. 등등

질문에 답을 하게 되면 각 유형별 제일 오른쪽에 앉아 있는 친구가 나눠준 종이에 같은 유형의 친구가 이야기한 것을 대신 적어 줍니다. 글씨는 3cm정도 크기의 정자로 써 주세요.

그리고 질문이 끝나면 앞에 나와 칠판에 붙여 주면 됩니다.

두 번째 질문을 할 때는 두 번째 친구가 적어 주면 됩니다. 이해가 되나요? 자, 그럼 질문을 시작하겠습니다.

사 실	홀랜드 검사 중 기억에 남는 것은 무엇인가? 홀랜드 검사에는 어떤 유형들이 있었는가? 내가 흥미를 가지고 있는 유형은 어떤 유형이었나? 나의 유형과 관련된 직업에는 어떤 것들이 있나? 내가 좋아하는 직업은 무엇인가? 평소에 관심이 있었던 직업은 무엇인가? 진로적성 검사표에 나타나지 않았지만 내가 갖고 싶은 직업은 무엇이 있는가?
반 응	활동하면서(직업을 체크하면서) 떠오르는 이미지는 어떤 것이 있었나? 활동할 때 연상되는 기억, 경험들이 있는가? 내 적성에 맞는 직업에서 어떤 유명한 사람들이 떠오르는가? 내 적성에 맞는 직업을 찾았을 때 어떤 기분이 들었는가? 같은 유형의 친구들을 확인했을 때 나의 기분은 어떠했나?
이 해	활동을 통해 알게 된 것은 무엇인가? 이 활동이 나에게 주는 유익은 무엇인가? 이 활동이 나에게 중요한 이유는 무엇인가? 이 활동이 나의 미래에 어떤 영향을 미치는가?
결 심	진로를 위해 준비해야 할 것은 무엇인가? 이제 내가 결심해야 할 것은 무엇인가?

2교시 - 나의 미래 직업 이미지 만들기

◉ **준비물:** 워크지, 필기도구, 색칠 도구(각 반에 비치됨)
  아이스브레이크, 텔레파시 게임

◉ **이미지 바꾸기에 대한 간략한 설명**
  여러분, 이미지가 무엇일까요?

  눈에 보이는 모든 것이 다 이미지이죠. 그런데 사람들은 어릴 때부터 보고 듣고 만지는 촉감 등을 다 이미지로 기억하고 있답니다. 그래서 어떤 이미지를 보면 옛날에 기억했던 비슷한 기억이 탁 떠오르는 거죠. 그러면서 나쁜 감정도 올라오고, 혹은 좋은 감정도 올라오죠.

  여러분, 엄마를 생각하면 어떤 생각이 들죠? 엄청 기분이 좋은 감정이 막 생기죠. 그런데 우리 엄마 비슷한 사람을 보면 어떤 생각이 들까요? 맞아요. 기분이 좋아져요. 왜냐하면 우리 기억 속에 엄마의 이미지가 남아 있어서 그렇다고 해요. 이처럼 사람은 기억하고 있는 이미지가 그 사람의 성장에 매우 중요한 역할을 한다고 합니다.

  그런데 어린 시절부터 누군가에게 들었던 이야기는 우리들의 기억 속에 이미지로 남아 있어요. 시간이 흐르면 누가 했는지는 기억이 나지 않는 경우가 많아요. 그러나 이미지는 남아 있답니다. 그래서 사람이 좋은 이미지를 가지고 있으면 좋은 생각, 좋은 기분이 생기고, 나쁜 이미지를 가지고 있는 사람은 나쁜 감정이 든답니다. 그렇다면 우리가 좋은 감정을 가지고 살고, 긍정적인 사람이 되려면 어떻게 하면 될까요?

그렇죠. 이미지를 바꾸어 주면 돼요. 이미지를 바꾸려면 생각을 바꿔야 합니다. 생각이 바뀌면 말이 바뀌고, 이미지가 바뀌고, 행동이 바뀝니다. 그렇게 자기의 생각을 바꿔 이미지를 좋은 것으로 바꾸면 그 사람의 미래는 행복하고 건강하겠죠.

오늘은 우리가 가지고 있는 이미지는 어떤 것인지, 그리고 우리의 꿈을 이루기 위해서는 내가 가지고 있는 이미지를 어떻게 바꿀 것인지 생각하면서 행복한 미래를 설계하려고 합니다.

자, 시작해 볼까요?

학생들이 미래의 꿈을 이루기 위해 구체적이고 긍정적인 이미지를 가지게 함으로써 스스로 꿈을 이루는 길을 찾도록 도와준다.

◉ 홀랜드 적성 검사를 통해 알게 된 나(문장 완성하기)

학생들에게 아래의 문장을 완성하도록 한다.

◉ 현재의 나

나는 지금을 좋아한다.

나는 지금을 잘한다.

나는 지금을 가지고 싶다.

나는 지금을 하고 싶다.

그러므로 나는 지금 ＿＿＿＿＿＿ 사람이다.

◉ 현재의 내 모습을 표현하기

아래 타원형을 활용하여 자유롭게 표현하게 한다. 말풍선, 그림, 색칠 등으로 다양하게 표현하게 한다.

◉ 현재의 나의 이미지

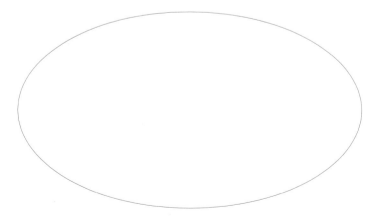

◉ 미래의 나

10년 후 꿈이 이루어졌을 때 나의 하루 생활을 구체적으로(기분, 생각, 계획, 하는 일, 만나는 사람) 적어 봅시다.

아침에 일어나서 -
출근해서 -
점심에 -
오후에 -
퇴근해서 -
잠자리에 들기 전 -

◉ 10년 후 나는 _____ 직업을 통해 _____ 삶을 살 것이다.

◉ 10년 후 내 모습 표현하기

◉ 미래의 나의 이미지

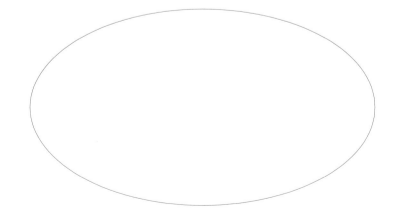

3교시 - 꿈을 이루기 위한 방법 찾기

◉ **준비물:** A4 1인 1장, 필기도구, 포스트잇, 보드 마커, 설문지

◉ **창의대화에 대한 간략한 설명**

사람들은 각각 자기의 의견을 가지고 있습니다. 그래서 서로의 의견이 다를 때가 많습니다.

어떤 사람이 보거나 듣는 것을 다른 사람은 보거나 듣지 못할 수도 있습니다. 예를 들면, 한 건물에는 여러 방향으로 창들이 나 있습니다. 어떤 창을 통해서 보느냐에 따라 보게 되는 풍경도 다릅니다.

이처럼 사람들은 자기가 보는 방향에서만 보게 되므로 다른 사람이 어떻게 보고 있는지를 알 수 없습니다. 내가 좀 더 넓은 세상을 보려면 다른 사람들이 어떻게 보고 있는지 알아야 할 필요가 있습니다. 즉, 다른 사람들의 도움이 필요하다는 것이죠.

내가 아무리 좋은 꿈을 가졌다고 해도 내가 보지 못하는 상황을 만나게 되면 많은 어려움을 겪을 수 있습니다. 따라서 다른 친구들의 도움을 받아서 나의 꿈을 이루는 데 사용해야 되겠죠. 이렇게 할 때 사용하는 방법이 창의대화입니다. 즉, 다양한 의견을 듣고 그 의견들을 모아서 내가 보지 못하고 생각하지 못했던 필요한 지혜를 얻게 되는 것입니다.

◉ 창의대화 시작

우리의 미래 직업(꿈)을 위해 지금부터 무엇을 준비해야 할까요? 창의대화를 통해 꿈을 이루는 방법을 찾아보도록 하겠습니다(워크지에 기록).

생각 이끌어 내기	아이디어 5가지 정도를 브레인스토밍하게 하고, 상상력을 자극하는 질문 2-3개 정도를 함(3교시의 미래의 나에 대해). A4에 아이디어를 적고 유형별 친구와 서로 아이디어를 이야기하게 함.(반 전체 아이디어 개수가 유형별 6×8=48) 유형별로 8가지 정도 아이디어를 적고 중요하다고 생각하는 아이디어 3개 정도 표시. 중복되는 이야기를 빼고 포스트잇 한 장에 한 아이디어를 정자로 쓰게 함(예시로 한 장 써 보여 줌).
의견 모으기	3장씩 유형별로 차례대로 제출함(인원수를 계산해 3,3,2장 씩). 가장 중요하다고 생각하는 것을 협의해서 동일 유형 3장. 가장 잘할 수 있는 것을 협의해서 동일 유형 3장. 나머지.
의견 분류하기	주제별로 모으면서 특정 의견이 부각되지 않도록 심벌을 사용.
이름 짓기	주제별로 모은 의견을 표현할 수 있는 이름을 짓게 한다. 의견 수가 많은 것으로부터 시작함. 시간적 여유가 있으면 이름을 가지고 문장을 만들도록 한다.
마무리	소감 묻기. 무엇을 했는지 되돌아보기. 기타.

4교시 - 비전트리

◉ 준비물: 전지 6장, 색칠 도구, 매직(교실 비치)

- 유형별 비전트리를 작성하되 전지 1장당 4명을 기준으로 나눔.
- 인원이 많은 경우 다른 유형과 합하여도 무방함.
- 뿌리 부분에 조원 이름을 쓰고,
- 줄기에는 꿈을 이루기 위해 준비해야 할 것들(앞 시간 CWM 내용들)을 포스트잇이나 색칠 도구로 꾸미게 함.
- 나뭇잎 부분은 각자의 꿈(직업)을 표현하게 함.

초록 꿈터 진로 퍼실리테이션 (고 2~3학년)

1교시 - OT

◉ 퍼실리테이션이란?
뭔가를 쉽게 만든다. 누구, 무엇과 통하도록 도와준다.

◉ 퍼실리테이션 도구

1. 공감대화
자신과의 대화, 학습, 일상적 경험을 깊이 있게 전체적으로 성찰하여 새로운 의미, 미래의 행동 방향을 발견하는 데 적합하다. 지적, 정신적으로 무한 성장이 가능하다.

2. 창의대화
가족회의, 비전수립, 문제 해결책 도출 등 사람들이 갖고 있는 서로 다른 창의적 아이디어를 모아 새로운 패턴을 만들어내는 데 적합하다.

3. 이미지 바꾸기
현재의 행동과 가치관을 파악하고 미래의 새로운 행동 방향과 가치관을 정립하는 데 적합하다.

◉ 즐거운 캠프를 위한 우리의 규칙

1.

2.

3.

4.

5.

6.

◉ 퍼실리테이션 전제

1. 사람은 누구나 지혜를 가지고 있다.

2. 가장 지혜로운 결정을 내리기 위해 모두의 지혜가 필요하다.

3. 틀린 답은 없다.

4. 전체는 부분의 합보다 크다.

5. 모두가 다른 사람의 의견을 경청하며 모두의 의견이 경청된다.

◉ 파트너 소개 인터뷰

- 당신의 이름은 무엇인가?
- 별명이 있나요?
  이유는 무엇인가?
- 캠프에서 기대하는 것은 무엇인가?
- 당신과 닮은 연예인은 누구인가?
- 당신이 잘하는 것은 무엇인가?
- 당신이 인생에서 가장 행복하다고 느꼈을 때는 언제인가?
- 당신 주변에 칭찬해 주고 싶은 사람은 누구인가?
  그 이유는 무엇인가?
- 당신에게 기적이 일어난다면 어떤 기적이 일어나길 원하는가?

"나의 파트너 ○○○님은 _____한 사람입니다."

"빨리 가려면 혼자 가라, 멀리 가려면 함께 가라 외나무가
되려거든 혼자 서라 푸른 숲이 되려거든 함께 서라."
-아프리카 속담 中-

2교시 - 공감대화

사실	
반응	
이해	
결심	

3교시 - 이미지 바꾸기

◉ 라이프 선 그리기

✌ 지나온 날을 되돌아보며……

◉ 가장 힘들 때를 극복하게 한 것은 무엇인가?(긍정적 요소 찾기)

1.

2.

3.

4.

5.

◉ 가장 즐거울 때 즐거움을 준 것들은 무엇인가?(강점 요소 찾기)

1.

2.

3.

4.

5.

그러므로 나는 지금 _____ 사람이다.

✌ 미래의 나의 모습 그려 보기

15년 후 꿈이 이루어졌을 때 나의 하루의 생활을 구체적으로(기분, 생각, 계획 등) 적어 봅시다.

아침에 일어나서 -
오전에 -
점심에 -
오후에 -
저녁에 -
잠자리 들기 전 -

◉ 15년 후 나는 _____직업을 통해 _____삶을 살 것이다.

◉ 15년 후 내 모습 표현하기

한국청소년퍼실리테이터협회 연혁

2016년

- 공감과 소통의 퍼실리테이션 공개강좌(앰배서더 호텔 신좌섭 퍼실리테이터)
- 1차 공감과 소통의 청소년 퍼실리테이션 2급 자격과정
- 한국청소년봉사단연맹 전국 고등학교 대표들을 위한 "공감과 소통의 청소년 리더십 캠프"(동신중학교에서 학생 180명, 신좌섭 외 퍼실리테이터 20명)
- 한국청소년봉사단연맹 고등학교 학부모를 위한 "공감과 소통의 퍼실리테이션"(동신중학교 학부모 30명, 안만호, 오순옥 퍼실리테이터)
- 2차 공감과 소통의 청소년 퍼실리테이션 2급 자격과정
- 1차 순천지역 공감과 소통의 퍼실리테이션(안만호, 오순옥, 조홍범, 정철우 퍼실리테이터)
- 2차 순천지역 공감과 소통의 퍼실리테이션(안만호, 오순옥, 조홍범, 정철우 퍼실리테이터)

2017년

- 3차 공감과 소통의 청소년 퍼실리테이션 2급 자격과정
- 한국청소년봉사단연맹 중학생 학부모를 위한 "공감과 소통의 퍼실리테이션"(동신중학교 학부모 30명, 안만호, 오순옥 퍼실리테이터)
- 한국청소년봉사단연맹 전국 중학교 대표들을 위한 "공감과 소통의 청소년 리더십 캠프"(동신중학교에서 학생 180명, 신좌섭 외 퍼실리테이터 20명)
- 1차 퍼실리테이션 인성 컨퍼런스
- 4차 공감과 소통의 청소년 퍼실리테이션 2급 자격과정
- 3차 순천지역 공감과 소통의 퍼실리테이션(안만호, 오순옥, 조홍범, 정철우 퍼실리테이터)
- 미얀마 양곤지역 대학생을 위한 공감과 소통의 퍼실리테이션(안만호, 오순옥 퍼실리테이터)
- 4차 순천지역 공감과 소통의 퍼실리테이션(안만호, 오순옥, 조홍범, 정철우 퍼실리테이터)
- 1차 광주수문초등학교 인성과 진로 퍼실리테이션 캠프
- 서울 강월초등학교 퍼실리테이션 동아리 활동
- 주니어 퍼실레티이션 장학생 교육
- 1차 미얀마 타무지역 중고등학교 교사를 위한 공감과 소통의 퍼실리테이션
- 청소년 퍼실리테이션 인성 교과서 집필 시작

2018년

- 5차 공감과 소통의 청소년 퍼실리테이션 2급 자격과정
- 2차 광주수문초등학교 인성과 진로 퍼실리테이션 캠프
- 1차 광주산수초등학교 인성과 진로 퍼실리테이션 캠프
- 서울 강월초등학교 퍼실리테이션 동아리 활동
- 주니어 퍼실레티이션 장학생 교육
- 대학생 퍼실리테이터 양성 교육
- 2차 퍼실리테이션 인성 컨퍼런스
- 서울 동부지역 교사 직무 연수
- 6차 공감과 소통의 청소년 퍼실리테이션 2급 자격과정
- 혜화경찰서 의경을 위한 공감과 소통의 퍼실리테이션
- 2차 미얀마 타무지역 중고등학교 교사를 위한 공감과 소통의 퍼실리테이션
- 중국 쿤밍 국제학교 교사를 위한 공감과 소통의 퍼실리테이션
- 중국바오터우시 지역 교사를 위한 퍼실리테이션
- 충주지역교회 목회자를 위한 1차 교회 퍼실리테이션
- 청소년 퍼실리테이션 인성 교과서 집필 진행

2019년

- 7차 공감과 소통의 청소년 퍼실리테이션 2급 자격과정
- 송정중앙초등학교 인성과 진로 퍼실리테이션 캠프

- 2차 광주산수초등학교 인성과 진로 퍼실리테이션 캠프
- 용마중학교 인성과 진로 퍼실리테이션 캠프
- 용마중학교 학부모 공감과 소통의 퍼실리테이션 캠프
- 서울 강월초등학교 주니어 퍼실리테이터 양성 과정
- 3차 퍼실리테이션 인성 컨퍼런스
- 충주지역교회 목회자를 위한 2차 교회 퍼실리테이션
- 8차 공감과 소통의 청소년 퍼실리테이션 2급 자격과정
- 초록꿈터(고아원) 진로 퍼실리테이션
- 서울 동부지역 교사 직무 연수
- 주니어 퍼실레테이터 장학생 교육
- 대학생 퍼실리테이터 양성 교육
- 서울 신학교 교회 퍼실리테이션 2019년 봄학기
- 목회자를 위한 공감과 소통의 퍼실리테이션(성결교단)
- 1차 미얀마 타무지역 중고등학교 교사를 위한 공감과 소통의 리더십 퍼실리테이션
- 충주지역교회 목회자를 3차 교회 퍼실리테이션
- 호평중학교 학교 자치 퍼실리테이션
- 해리고등학교 학생 자치 퍼실리테이션
- 상봉중학교 퍼실리테이션 역량 교육
- 대구공업고등학교 학생 자치 퍼실리테이션
- 다온중학교 학생 자치 퍼실리테이션
- 화홍고등학교 국제동아리 워크숍 퍼실리테이션
- 부안여자고등학교 학교 자치 퍼실리테이션

- 양산중학교 학생회장단 자치 역량 퍼실리테이션
- 청소년 퍼실리테이션 인성 교과서 집필 진행

2020년

- 2차 미얀마 타무지역 중고등학교 교사를 위한 공감과 소통의 리더십 퍼실리테이션

2021년

- 공감과 소통의 청소년 퍼실리테이션 입문 출판
- 공감과 소통의 청소년 퍼실리테이션 활용 출판
- 공감과 소통의 청소년 퍼실리테이션 인성 출판

저자 프로필

박 점 식

• YF 한국청소년퍼실리테이터 사무총장
• 반석교회 목사

6년 전 경기도 안산에 있는 한증막 세미나실에서 신좌섭 교수님의 퍼실리테이션을 접하면서, 공감하고 소통하며 더불어 살아가는 세상을 꿈꾸었다. 건강한 사회를 위해 청소년들이 함께 참여하고 합의하는 것이 필요함을 절감하면서 청소년들에게 퍼실리테이션 보급을 위해 힘쓰고 있다.

양 혜 진

• YF 한국청소년퍼실리테이터협회 이사
• 전주 서곡중학교 교사

근무하던 학교에서 학생 자치회를 이끌면서, '왜 교사가 학생 자치회를 이끌어야 하지? 당사자 아닌 누군가가 이끄는 자치회가 자치회인가?'라는 의문이 들었다. 퍼실리테이션이 고민을 해결해 주었다. 지금은 퍼실리테이션으로 학생 자치를 실현하고 있다. 교사를 넘어 청소년 퍼실리테이터로 활동하기를 소망한다.

안 창 호

- YF 한국청소년퍼실리테이터협회 교육팀장
- 두중라무역 대표

집단에서 중요한 일을 결정할 때 다수결에 의해 소수의 의견이 묵살되는 것이 싫었다. 퍼실리테이션으로 모두의 의견을 모아 합의하는 방법에 푹 빠져들었다. 삼 남매의 아버지로서 장차 아이들이 살아갈 이 나라가 지금보다 좋아지는 방법이 청소년기에 퍼실리테이션을 삶에 대입시키는 것이라 믿고, 청소년 퍼실리테이터가 되었다.

권 태 남

- YF 한국청소년퍼실리테이터협회 본부장
- 누리나래교육원 교수

다년간 청소년 자원봉사활동을 해오면서 청소년들이 자신의 생각을 제대로 표현하지 못하고 상호 소통하지 못해 합의를 도출하지 못하는 것을 목격했다. 무언가 도움이 될 프로그램이 있었으면 좋겠다고 생각하던 중 학생들과 함께하는 퍼실리테이션에 참여했던 것이 계기가 되어 퍼실리테이터의 역할이 중요함을 느끼고 함께하게 되었다.

전 준 성

- YF 한국청소년퍼실리테이터협회 E팀장
- YOLO족

공감과 소통을 메인으로 하는 퍼실리테이션! 나름 또래들과 공감소통을 잘한다고 자부하던 나는 퍼실리테이션을 통해 새로운 경험을 하게 되었고, 이 경험들을 나 혼자 알기 아까워 다른 청소년들에게도 그 기쁨을 알려주고 싶어 이 책에 한 줄을 보탠다.

김 향 란

· YF 한국청소년퍼실리테이터협회 학술팀장
· 서울경찰청 경감

청소년 업무를 담당하며 학교 폭력 예방, 비행 청소년 선도 프로그램 등을 진행하면서 소통과 공감하는 청소년 문화의 필요성을 느꼈고, 신좌섭 교수님의 퍼실리테이션 강의를 들으며 창의성을 바탕으로 한 세상을 신뢰하고 소통하며 미래를 열어갈 청소년들이 세계의 시민으로 성장하기를 바라며 청소년 퍼실리테이터로서의 역할에 기여하고자 한다.

박 은 지

· YF 한국청소년퍼실리테이터협회 주니어 퍼실리테이터
· 금옥여자고등학교 2학년

아빠의 권유로 퍼실리테이션을 배웠다. 퍼실리테이션은 어느 상황에서든지 유용하게 쓰일 수 있는데, 학교에서 수행평가와 행사 계획을 할 때 친구들과의 의견 조율에 도움이 되었다. 집에서는 1주일에 한 번씩 온 가족(5명)이 모여 공감대화로 행복한 시간을 보낸다. 앞으로 퍼실리테이션을 더 깊이 배우고자 한다.

정 득 진

· YF 한국청소년퍼실리테이터협회 자문
· 한양사이버대학교 교수

서울대학교에서 학문을 닦고 있을 때 존경스러운 교수님을 만나게 되었다. 은사가 되신 교수님은 너무나 자상하게 가르쳐 주셔서 나는 너무 감동했다. 그것이 무엇인가를 이제야 알고 보니 바로 소통과 공감스킬이었다. 그리고 이 두 아름다운 값진 보석을 다루는 분이 퍼실리테이터였고, 나는 빛나는 그 퍼실리테이터가 되었다.

오 순 옥

- YF 한국청소년퍼실리테이터협회 대표
- 빛과나눔장학협회 사무총장

사업을 하면서 혼자 결정하고 혼자 실행하는 것이 익숙하고 편했다. 그러다 공동체에 소속이 되면서 익숙했던 개인적 의사 결정이 독단이 됨을 알고 고민하던 차에, 신좌섭 교수를 통해 퍼실리테이션을 접하게 되었다. 비로소 함께 살아가는 사람들과 공감하고 소통하여 합의해가는 즐거움을 맛보았다.

안 만 호

- YF 한국청소년퍼실리테이터협회 대표
- 새광염교회 담임목사

청소년기에 훌륭한 스승들을 만나 좋은 가르침을 받았다. 청소년들에게 은혜 갚을 생각을 했다. 신좌섭 교수님을 통해 퍼실리테이션을 만나, 우리 이쁜 청소년들이 공감하고 소통하여 참여시민사회를 열어가는 데 징검다리 하나 놓고 싶다.

편집후기

우리는 신좌섭 교수님으로부터 퍼실리테이션을 배우면서, 청소년 퍼실리테이터가 되어 대한민국 청소년들이 공감으로 소통해 가며 합의해 나가는 참여시민사회를 열어가는 데 씨앗 하나 뿌려 보자는 것과 청소년 퍼실리테이션 교과서를 만들어 보급하자는 두 가지 목표를 세웠습니다.

2016년 초부터 4년 동안 학교 청소년들과, 학교 교사들과, 해외 청소년, 교사들과, 청소년 퍼실리테이터 지망생들을 대상으로 퍼실리테이션 활동을 하면서 틈틈이 현장 경험을 분석하고, 연구하고, 자료를 수집하였습니다.

2020년은 그동안의 퍼실리테이션 현장 경험과 자료를 정리할 절호의 기회였습니다. 전세계를 휩쓴 코로나19로 현장에서 퍼실리테이션을 진행하기 어려웠기 때문입니다. 3년 전부터 준비해 오던 청소년 퍼실리테이션 시리즈를 금년에 발간하기로 하고, 공저자들과 분담하여 1년 동안 꼬박 저술에 매달렸습니다.

한국에 청소년 퍼실리테이션 분야의 책이 전혀 없는 상황에서, 이번에 '청소년 퍼실리테이션 입문', '청소년 퍼실리테이션 활용', '청소년 퍼실리테이션 인성' 등 3권을 동시에 발간하게 되니, 그 감격을 이루 말할 수 없습니다.

이 책이 세상에 탄생할 수 있도록 가르침과 동기를 주시고, 우리들로 하여금 오직 비영리 청소년 퍼실리테이터의 길을 가라고 권해 주시고, 발문을 써 주신 서울의대 신좌섭 교수님께 깊은 감사를 드리며, 함께한 동료 퍼실리테이터들에게 심심한 감사를 전하고, 이 책을 읽어 주신 독자들께 고마움을 전하며, 다음에는 '365 퍼실리테이션'으로 찾아뵙겠습니다. 감사합니다.

2021년 1월 새해를 맞이하며
편집부 안만호, 오순옥, 박점식

1) 본인들의 허락을 받아 이름을 밝혔다.

2) 나무위키

3) 위키백과

4) 나무위키

5) KESS, 교육통계서비스

6) 김은솔, "디지털 네이티브 세대를 위한 모바일 쇼핑서비스 UX요소에 관한 연구", 국민대학교 대학원 석사학위논문, 2015, p.11.

7) 방송통신위원회, http://blog.daum.net/kcc1335/1977

8) 이정민, "디지털 매체를 활용한 미적 감수성 함양을 위한 미술교육 프로그램 연구", 한양대학교 대학원 석사학위논문, 2018, p.12.

9) 김경희, "교육 패러다임 변화에 따른 테크놀로지를 활용한 미술과 학습모형연구", 한국교원대학교 대학원 석사학위논문, 2012, pp.2-3.

10) 이미숙, 광주전남 소아청소년 정신건강연구회 강연, 2000.

11) https://blog.lgdisplay.com/2015/12/

12) 한국과학기술개발원

13) 한겨레, 2018. 10. 07. 기사

14) Ibid.

15) 한국유아교육신문 2019. 1. 11. 기사

16) 한겨레 2018. 10. 17. 기사

17) 서울시 건강 가정 지원센터 블로그

18) 송보라, "이모티콘 디자인의 감정/감성 의미 연합에 관한 연구",

건국대학교 대학원 박사학위논문, 2019, p.12.

19) 배개강, "시각적 커뮤니케이션 도구로서 이모티콘의 효율성에 관한 연구", 경성대학교 대학원 석사학위논문, 2017, pp.54-55.

20) 이승형, "청소년 모바일 문화의 현상학적 이해", 동아대학교 대학원 박사학위논문, 2018, p.38.

21) Ibid., p.42.

22) Ibid., p.44.

23) Ibid., p.45.

24) 권순희·김민정·김윤경·김윤정·김주연, 사이버 의사소통과 국어교육, 서울: 박이정, 2016, p.125.

25) 노진호, 교육의 역사와 철학의 이해, 서울: 백산출판사, 1999, p.182.

26) 강준만, 대중문화의 겉과 속, 서울: 인물과 사상사, 2013, p.184.

27) 박재홍·장재웅, "유튜브 안에 나를 이해하는 친구가 있다". 동아비지니스 리뷰, 2018년 7월호, 서울: 동아일보사, p.68.

28) 양해림, 과학기술과 새로운 공간의 창출: 일상적 도시 공간에서 디지털 미디어의 정체성을 중심으로, 대한철학회, 철학연구, 2009, 109권, p.62.

29) 최보미·박민정·채상미, "SNS상의 대인관계에서 나타나는 감정적 요소와 청소년의 온라인 다중정체성 간의 영향관계", 한국경영정보학회, information Systems Review, 18권, 2호, 2016, pp.211-212.

30) 황예진, "모바일 미디어가 매개하는 정동", 연세대학교 대학원 석사학위논문, 2018, pp.79-80.

31) 전경란, "디지털 내러티브에 관한 연구: 상호 작용성과 서사성의 충돌과 타협, 이화여자대학교 대학원 박사학위논문, 2003, p.33.

32) 이승형, op.cit., pp.56.

33) 형사정책연구원, "청소년 사이버폭력의 유형분석 및 대응 방안 연구". 2015, p.49.

34) 신좌섭, 월간 HR Insight, 2017.10.

35) 박현모, 『600년 전 세종은 '경영학의 교과서'』, 동아비즈니스리뷰 254호, 2018. 8.

36) 이희연, "교사의 직무 스트레스 실태 및 과제", 서울교육 여름호, 2018, p.144.

37) 위키백과

38) 영남일보, 2019. 11. 26. 기사

39) Ibid.

40) Ibid.

41) 중앙일보 2015. 06. 07. 기사

42) 동아일보 2006. 05. 29. 기사

43) 위키백과

44) 백규호, "학교 자치 입법정신의 규명과 법인식 분석", 제주대학교 대학원 박사학위논문, 2017, p.218.

45) 두산백과

46) 이승택, "한국 헌법과 민주공화국", 고려대학교 대학원 박사학위논문, 2013, pp.268-269.

47) 네이버 지식백과

48) 신좌섭, 공감과 소통의 리더십 강의집, 2016.

49) 신좌섭, 월간 HR Insight, 2017.10.

50) 김의철, 박영신, 박선영, "청소년과 부모가 지각한 행복과 행복의 조건 및 불행에 대한 토착심리 분석", 한국인간발달학회 학술논문, 2012.

06. 01.

51) 베이비뉴스 2020. 02. 17. 기사

52) 신좌섭, 공감과 소통의 리더십 강의집, 2016.

53) 이재덕, "학교활력 진단도구 개발과 유형의 특성", 서울대학교 대학원 박사학위논문, 2010, p.18.

54) 신좌섭, "공감과 소통의 리더십", 강의집, 2016.

공감과 소통 시리즈 2

청소년 퍼실리테이션 활용

1판 1쇄 발행 2021년 1월 25일

지은이 박점식 양혜진 안창호 권태남 전준성
　　　　김향란 박은지 정득진 오순옥 안만호
펴낸이 이규학

펴낸곳 둘셋손잡고
등록 2019년 5월 24일 제 353-2019-000010호

주소 인천광역시 남동구 문화서로 65번길 10-5 1층(구월동)
이메일 seunglee1218@nate.com
☎ 032) 421-1311

정가 15,000**원**

판권 본사 소유

ISBN 979-11-968161-8-6-43120

잘못된 책은 바꾸어 드립니다.